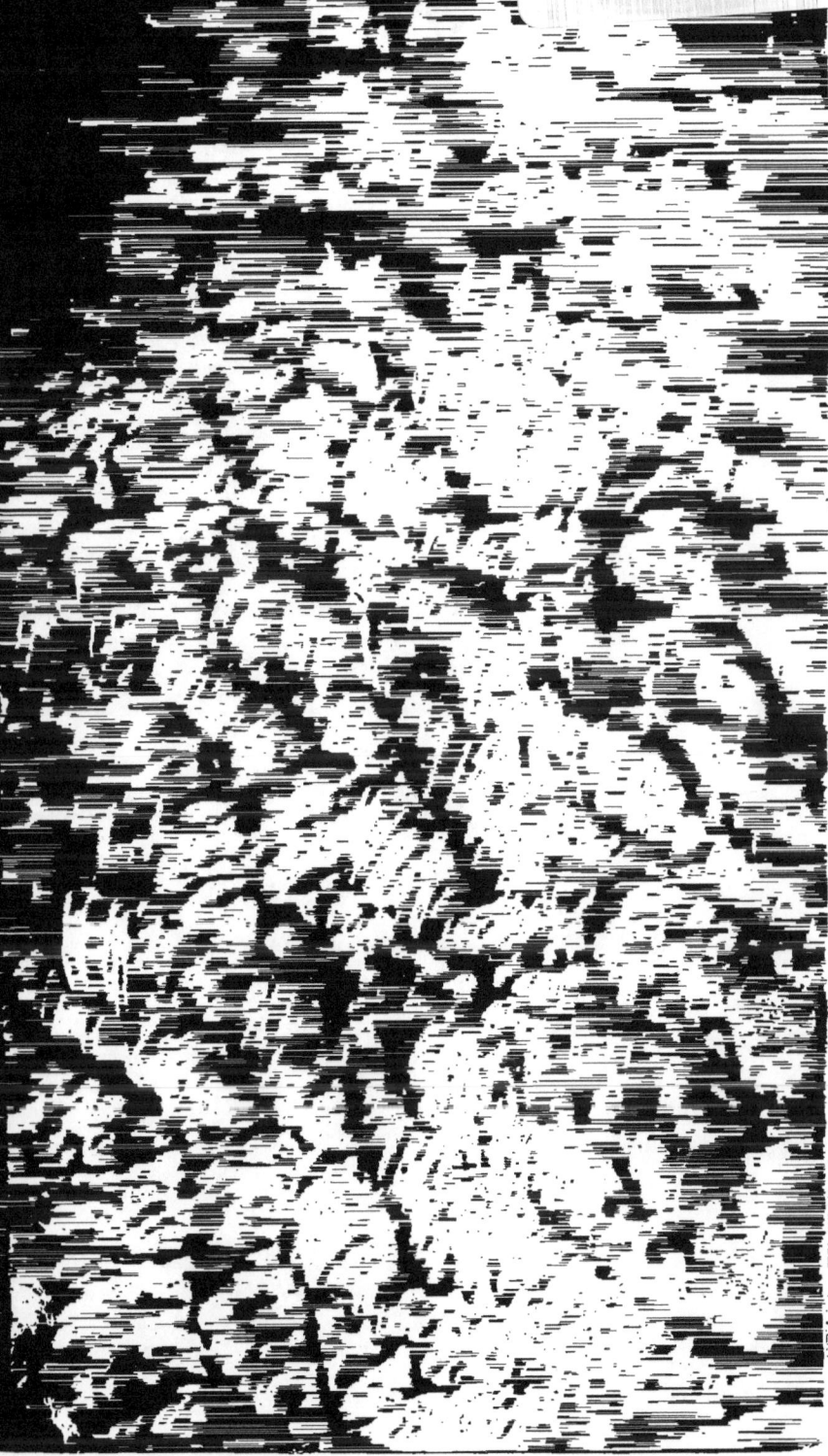

# PHÉDON,

## OU

# ENTRETIENS

## SUR LA SPIRITUALITÉ

### ET

## L'IMMORTALITÉ DE L'AME.

*Par M.* MOSES MENDELS-SOHN, *Juif à Berlin.*

TRADUIT DE L'ALLEMAND,

*Par M.* JUNKER, *de l'Académie des Belles-Lettres de Gœttingen.*

---

Cum in manu jam mortiferum illud teneret poculum, ita locutus est, ut non ad mortem trudi, verùm in cœlum videretur ascendere. CICERO, *Tusc. Quæst. lib.* I.

---

NOUVELLE ÉDITION CORRIGÉE.

*A* AMSTERDAM,

Chez B. VLAM, Libraire.

MDCCLXXIII.

# PRÉFACE
## DE L'AUTEUR.

A L'EXEMPLE de Platon, j'introduis Socrate fur la fcene; & ce Sage entouré de fes disciples, les inftruit des raifons qui ne nous permettent point de douter de l'immortalité de l'ame. Le Dialogue de l'auteur Grec, intitulé *Phédon*, renferme de grandes beautés que j'ai cru devoir conferver. Cet ouvrage a la même forme & le même ordre que celui de Platon; mais j'ai tâché d'accommoder fes preuves métaphyfiques au goût de notre fiecle.

Dans le premier Entretien, j'ai fuivi d'affez près mon modele. Ses preuves m'ont paru n'avoir befoin que de quelques changements dans la maniere de les préfenter, ou que d'être déduites de leurs premiers principes, pour acquérir cette force perfuafive qu'un lecteur cherche en vain dans le Dialogue de Platon. La longue & véhémente déclamation contre le corps humain & fes befoins (*a*), que Platon paroît avoir écrite dans l'efprit de Pythagore,

_____

(*a*) Page 113.

plutôt que dans celui de fon maître, avoit befoin d'être refondue d'après nos idées; & malgré cette précaution, je crains qu'elle ne cho-
que beaucoup de lecteurs. J'avoue que j'ai
confervé cet endroit uniquement à caufe de
l'éloquence victorieufe de Platon.

Dans le fecond Entretien je me fuis vu obligé d'abandonner mon guide. Ses preuves fur
l'immatérialité de l'ame font fi fuperficielles &
même fi chimériques, qu'elles méritent à peine
d'être férieufement refutées. Si cela vient des
progrès que la philofophie a faits depuis, ou
de la connoiffance imparfaite que nous avons
du langage philofophique des anciens, c'eft ce
que je ne puis décider. J'ai employé, pour
l'immatérialité de l'ame, une preuve qu'ont
fournie les difciples de Platon, & qu'ont
adoptée d'eux quelques philofophes modernes.
Elle ne m'a pas feulement paru convaincante,
mais auffi très-propre à être traitée à la maniere de Socrate.

Dans le troifieme Entretien, il m'a fallu
tout-à fait recourir aux modernes & faire parler Socrate prefque comme un philofophe du
dix-feptieme ou du dix-huitieme fiecle. Mon
intention n'a pas été de rapporter les raifons
qu'a eues le philofophe Grec de croire l'im-

mortalité de l'ame, mais celles qu'un homme qui, comme Socrate, aime à fonder fa croyance fur la faine raifon, trouveroit de nos jours, après les efforts de tant de génies, pour regarder fon ame comme immortelle.

Si cet ouvrage contient de nouvelles idées, ou fi je n'ai fait que dire autrement ce qu'on a déja dit tant de fois, c'eft ce que je laiffe à décider par d'autres. Il eft difficile de ne dire que des chofes abfolument neuves dans une matiere fur laquelle les plus grands génies fe font exercés; & il feroit même ridicule de vouloir affecter la nouveauté. Si j'avois voulu citer des auteurs, les noms de Plotinus, de Defcartes, de Leibnitz, de Wolf, de Baumgarten, de Reimarus, &c. auroient fouvent reparu. Peut-être le lecteur auroit alors apperçu plus clairement les idées qui m'appartiennent. Mais il importe peu au fimple amateur de connoître de qui font les preuves que je lui préfente; & il n'eft pas néceffaire d'en avertir les favans. Je prie néanmoins le lecteur de fe rendre attentif aux raifons que je tire de l'accord des vérités morales; je ne me fouviens pas de les avoir lues ailleurs, & elles me paroiffent, pour celui qui convient des principes, parfaitement convaincantes. La méthode Socratique que j'ai fuivie, m'a obligé de ne les employer que comme des raifons per-fuafives; mais je les crois fufceptibles d'être démontrées felon toute la rigueur de la logique.

Il m'a paru convenable de mettre à la tête de cet ouvrage un abrégé de la vie du Phi-lofophe qui, dans ces Entretiens, fait le perfonnage principal. J'ai fuivi *Cooper Life of Socrates*, ( *a* ) fans négliger de confulter les fources.

_____

(*a*) London 1750.

VIE

# VIE

## DE

# SOCRATE.

**S**OCRATE, le plus fage & le plus vertueux des Grecs, naquit à Athenes dans
le quartier appellé *Alopéce*, la quatrieme
année de la foixante-dix-feptieme Olym-
piade. Il étoit fils du fculpteur Sophronifque & de
la fage-femme Phénarete. Son pere l'appliqua, dans
fa jeuneffe, à la fculpture. Il fit dans cet art des
progrès confidérables, s'il eft vrai, comme on le
prétend, que c'étoit de lui les Graces drapées *(a)*

---

*(a) Les Graces drapées.* Elles l'étoient contre l'ufage ordinaire ;
les autres Artiftes les repréfentoient nues, ainfi que nous le voyons dans les poëtes Grecs & Latins. *Horat.* Lib. 1. Od. 30.

> . . . . . . *Solutis*

    *Gratia Zonis.*
Lib. 4. Od. 7.

> *Gratia cum Nymphis geminifque fororibus audet*
> *Ducere nuda choros.*

On pouvoit par conféquent appeller ces Graces fculptées par Socrate, *Gratia decentes.* Lib. 1. Od. 4.

qu'on avoit placées, fur les murailles d'Athenes, derriére la ftatue de Minerve. Du temps d'un Phidias, d'un Zeuxis & d'un Myron, on n'eût jamais accordé une place fi diftinguée à un ouvrage médiocre.

Après la mort de fon pere, il continua d'exercer la profeffion de Sculpteur, plutôt par befoin que par inclination. Il avoit déja près de trente ans, lorsqu'il fit la connoiffance d'un riche citoyen d'Athenes, appellé Criton (a). Cet homme généreux, remarquant des talents fublimes dans fon nouvel ami, le jugea capable de rendre au genre humain des fervices bien plus effentiels, par la méditation que par le travail de fes mains. Il le retira de l'école de l'art & le mit à celle des philofophes de ce temps, où il entra dans un nouveau genre d'étude, & s'appliqua à la contemplation des beautés d'un ordre fupérieur. Si l'art apprend à imiter la nature en faifant refpirer le marbre, en animant la toile: la philofophie cherche à imiter l'infini dans le fini, à rapprocher l'ame humaine de cette beauté & de cette perfection dont elle étoit douée dans fon origine. Socrate jouit de l'inftruction & du commerce des hommes les plus célebres dans les arts & les fciences; & de ce nombre étoient Archelaüs, Anaxagore, Prodique, Evene, Ifimachus, Théodore, & d'autres.

_____

(a) *Criton.* Ce Criton devint enfuite fon difciple favori.

Criton pourvut à ce qu'il ne manquât d'aucun des besoins de la vie ; & la premiere étude de Socrate fut la phyſique, qui étoit alors fort à la mode. Mais il s'apperçut bientôt qu'il étoit temps de ramener la philoſophie de la conſidération de la nature à la conſidération de l'homme. C'eſt ſans doute là le chemin que la philoſophie devroit toujours prendre. Elle doit commencer par l'examen des objets extérieurs, mais à chaque pas qu'elle fait, il faudroit qu'elle jettât un regard en arriere ſur l'homme, dont la vraie félicité devroit être le but de toutes ſes recherches. Si le mouvement des planetes, les propriétés des corps céleſtes, la nature des éléments, &c. n'ont pas au moins une influence médiate ſur notre bonheur, l'homme n'eſt aucunement deſtiné à les examiner. ,, Socrate, comme dit Cicéron (a), fut le premier qui fit deſcendre la phi-

---

(a) *Cicéron.* ,, Sed ab antiqua philoſophia uſque ad Socratem
,, qui Archelaum, Anaxagoræ diſcipulum, audierat, numeri mo-
,, tuſque tractabantur, & unde omnia orirentur quòve recederent:
,, ſtudioſèque ab his ſiderum magnitudines, intervalla, curſus in-
,, quirebantur, & cuncta cœleſtia. *Socrates* autem primus Philo-
,, ſophiam devocavit è cœlo, & in urbibus collocavit, & in do-
,, mos introduxit, & coegit de vitâ & moribus rebuſque bonis &
,, malis quærere. *Tuſc. Queſt.* Lib. 4. Et plus loin:
,, *Socrates* mihi videtur, id quod conſtat inter omnes, primus à
,, rebus occultis & ab ipſâ naturâ involutis, in quibus omnes an-
,, tè eum Philoſophi occupati fuerunt, avocaſſe Philoſophiam, &
,, ad vitam communem adduxiſſe, ut de virtutibus & vitiis omni-
,, nòque de bonis rebus & malis quæreret, cœleſtia autem vel pro-
,, cul eſſe à noſtrâ cognitione cenſeret, vel ſi maximè cognita eſ-
,, ſent, nihil tamen ad benè vivendum conferre. *Acad. Queſt.*
,, Lib. 1.

lofophie du ciel, la plaça dans les villes, l'introdui-
fit dans les maifons des particuliers, & la força de
faire des recherches fur la conduite des hommes, &
fur le bien & le mal." Cependant, par un défaut
affez ordinaire aux auteurs d'inftitutions nouvelles,
il femble n'avoir pas gardé un jufte milieu : il parle
des fciences les plus fublimes avec un mépris qui
meffied dans la bouche d'un Sage, qui devoit, plus
que tout autre, en fentir le prix.

Cette efpece de favants qui s'attachent à favorifer
& à défendre par tous les détours d'une raifon arti-
ficieufe, les préjugés qui ont jetté de profondes ra-
cines, & fur-tout la fuperftition dominante, étoit
alors en Grece dans une grande confidération auprès
du peuple. Ils fe décoroient hardiment du nom de
Sophiftes (a), nom que leur conduite rendit enfin
ridicule & méprifable. Ils fe chargeoient de l'éducation de la jeuneffe & enfeignoient, dans les écoles
publiques & dans des maifons particulieres, les arts,

---

Quoique la Philofophie morale fût la principale étude de Socrate,
les Arts & les autres Sciences rempliffoient fes moments de loifir.
*Connus* lui enfeigna la mufique ; *Evenus* la poëfie ; *Ifimachus* l'a-
griculture, & *Théodorus* la géométrie. *Max. Tyr.* Differt. XXII.

Il apprit de la fameufe *Afpafie* la rhétorique, comme abfolument
néceffaire à l'étude de la philofophie. Vid. *Plat.* Menex. Cette
Afpafie avoit un génie non-feulement fupérieur à toutes les autres
femmes, mais elle l'emportoit fur tous les favants qui vivoient de
fon temps, dans la fcience de la rhétorique & de la politique.
*Périclès* ne faifoit rien dans le gouvernement, qu'il n'eût préala-
blement pris fes confeils. *Plut.* in Vit. Pericl. C'eft a elle que
Platon attribue ce Difcours funéraire que Thucydide met dans la
bouche de Périclès.

(*a*) Sophifte fignifie originairement celui qui enfeigne la fageffe.

les fciences, la morale & la réligion avec un applau-
diffement général. Ils favoient que l'éloquence obtient la plus haute eftime dans les Etats démocrati-
ques, qu'un homme libre aime à entendre parler politique, & qu'un peuple façonné au joug d'un gouvernement arbitraire fe plait à entendre des chofes
frivoles. Auffi felon le génie de leurs auditeurs, ils
méloient adroitement dans leurs harangues de para-
de & d'éclat, des traits d'une politique fiere & har-
die, ou des contes merveilleux & abfurdes. Le
peuple, dont ils flattoient toujours le goût, les
écoutoit avec admiration, & dans fon enthoufiafme
les combloit de largeffes & de dons précieux. Ils
ménagoient fur-tout les prêtres, avec lefquels ils
s'efforçoient de vivre en bonne intelligence : & les
uns & les autres fuivoient cette fage maxime *Vivre
& laiffer vivre.* Quand la tyrannie des hypocrites ne
pouvoit plus retenir fous le joug l'efprit libre des
hommes, ces prétendus amis de la fageffe étoient
apoftés pour l'engager dans un nouveau labyrinthe
d'erreurs, confondre toutes les idées naturelles, &
détruire par des fophifmes éblouiffants toute diftinction entre le vrai & le faux, le jufte & l'injufte, le
bien & le mal. Dans la théorie, leur principe fondamental étoit: *On peut tout prouver & tout réfuter;*
& dans la pratique: Il faut tirer tout le parti poffible de la folie d'autrui & de fa propre fupériorité.
Ils cachoient, comme on peut bien le penfer, cette
derniere maxime au peuple; mais la morale qu'ils
enfeignoient publiquement, n'en étoit pas moins per-

nicieufe pour les mœurs, que leur politique l'étoit
pour les droits, la liberté & le bonheur du genre
humain.

Comme ils étoient affez artificieux pour mêler
leurs intérêts avec le fyftême dominant de réligion,
il falloit non-feulement de la réfolution & un courage héroïque pour s'oppofer à leurs impoftures, mais
l'ami même le plus zélé de la vertu ne pouvoit le
hafarder fans une extrême circonfpection. Il n'y a
point de fyftême de réligion affez corrompu, pour
ne pas donner au moins à quelques devoirs une certaine fanctification qu'il eft prudent de ne pas d'a-
bord heurter de front, & que le réformateur des
mœurs ne peut attaquer fans agir avec beaucoup de
circonfpection: en fait de matiere de réligion, le
paffage du doute à la légéreté, de la négligence du
culte extérieur au mépris de tout culte, eft d'ordinaire très-facile, fur-tout pour des efprits qui ne
font pas fous l'empire de la raifon, mais qui fe laiffent dominer par l'avarice, l'ambition, ou la volupté. Les partifans de la fuperftition ne comptent que
trop fur cette reffource, & ils y ont recours comme
à un fanctuaire inviolable, toutes les fois qu'on veut
démafquer leur hypocrifie.

Telles étoient les difficultés & les obftacles que
rencontra Socrate, quand il prit la noble réfolution
de répandre la vertu & la fageffe parmi fes femble-
bles. Il avoit, d'un côté, à vaincre les préjugés
qu'il avoit reçus dans fa jeuneffe, à éclairer les autres fur leurs erreurs & leur ignorance, à combattre

l'efprit fophiftique, à s'expofer à tous les traits de la méchanceté, de l'envie, de la calomnie & de l'infulte, à fupporter la pauvreté, à lutter contre une puiffance affermie, & ce qui étoit plus difficile encore, à diffiper les terreurs ténébreufes de la fuperftition. D'un autre côté, il avoit les foibles efprits de fes concitoyens à ménager, le fcandale à éviter, & à conferver l'influence falutaire que le culte même le plus abfurde a fur les mœurs des fimples. Il furmonta toutes ces difficultés avec la fageffe d'un vrai philofophe, la patience & la vertu défintéreffée d'un ami des hommes, la réfolution d'un héros, aux dépens de tous les biens & de tous les plaifirs dont il auroit pu jouir tranquillement dans le fein de fes amis & de fa patrie. Eclairé par les feules lumieres de la raifon, fur l'exiftence & les attributs de l'Etre fuprême, il ne craignit point de l'annoncer aux hommes, aux rifques même de fes jours.

Mais ces vues fublimes de citoyen du monde ne l'empêchoient pas de remplir toutes les obligations qu'impofe la patrie. A l'âge de trente-fix ans, il porta les armes contre les Potidéens, habitants d'une ville de Thrace, qui voulurent fe fouftraire à la domination des Athéniens dont ils étoient tributaires. Là il ne négligea pas d'endurcir fon corps contre toutes les fatigues de la guerre, & de former fon ame à l'intrépidité & au mépris des dangers. Du confentement unanime de toute l'armée il remporta le prix de la valeur; mais il le céda à Alcibiade qu'il aimoit, & que, par-là, il vouloit encourager à mériter de sa patrie de pareils honneurs en cherchant désormais à se signaler par des actions d'éclat. Peu de jours avant, il lui avoit sauvé la vie dans un combat. On assiégea Potidée dans la saison la plus rigoureuse. Chacun songeoit à se garantir du froid: Socrate garda son vêtement ordinaire, & marchoit pieds-nuds sur la glace. La peste ravageoit le camp & la ville d'Athenes. Si l'on en croit Diogene Laërce & Elien, Socrate fut le seul qui n'en ressentit point les influences malignes. Sans vouloir rien affirmer sur cette circonstance qui peut être l'effet du hasard, on peut dire en général qu'il étoit d'une constitution forte & robuste, & qu'il se conservoit dans cet état de santé par l'exercice, la sobriété & l'abstinence de tous les plaisirs qui énervent le corps & amollissent l'ame : aussi s'étoit-il endurci contre tous les accidents & toutes les peines de la vie.

Cependant il ne cessoit de faire d'incroyables efforts pour développer, pour étendre les facultés de son ame. On l'a vu, même dans le tumulte des camps, demeurer quelquefois vingt-quatre heures dans la même place, immobile, sans détourner ses regards, enseveli dans ses propres pensées *comme si son esprit eût été absent de son corps*, dit Aulu-Gelle (a).

---

(a) *Aulu-Gelle.* „ Inter labores voluntarios & exercitia corpo-
„ ris ad fortuitas patientiæ vices firmandi, id quoque accepimus
„ Socratem facere insuevisse. Stare solitus Socrates dicitur, perti-
„ naci statu perdius atque pernox, à summo lucis ortu ad solem

Ces raviſſements, ces extaſes annonçoient la fievre de la vertu, que les hommes ordinaires regardent comme un fanatiſme; mais un fanatiſme pareil eſt bien plus digne de louange que de blâme, ſur-tout s'il n'eſt fondé ni ſur l'orgueil, ni ſur la miſanthropie, mais ſur l'amour de la vertu. Les forces de la nature ne ſuffiſent peut-être pas pour élever l'homme à de ſi grandes penſées & à de ſi fermes réſolutions.

La campagne finie, il retourna à Athenes, & commença à combattre avec force l'eſprit ſophiſtique & la ſuperſtition, & à donner à ſes concitoyens des leçons de ſageſſe & de vertu. Dans les rues, les promenades, les bains, les maiſons, les atteliers des artiſtes, en un mot, par-tout où il rencontroit des hommes qu'il croyoit pouvoir rendre meilleurs, il les arrêtoit, lioit converſation avec eux (a), leur expliquoit ce qui eſt bien ou mal, juſte ou injuſte: il les entretenoit ſur la providence & les deſſeins du Créateur, ſur les moyens de lui

---

„ alterum orientem, inconnivens, immobilis iisdem in veſtigiis &
„ ore atque oculis eumdem in locum directis cogitabundis, *tan-*
„ *quam quodam feceſſu mentis atque animi facto à corpore.*"

(a) Voici comment il fit la connoiſſance de Xénophon. Il le rencontra dans un paſſage étroit. L'air honnête & réfléchi de Xénophon lui plut. „ Jeune homme, lui dit-il en lui barrant le paſſage avec ſon bâton, ſais-tu où l'on trouve les befoins de la vie? Aſſurément! répondit Xénophon. Mais ſais-tu auſſi où l'on peut puiſer la vertu & la droiture? Le jeune homme interdit, le regarda ſans rien dire. Suis-moi donc, continua Socrate, je vais te le montrer." Il le ſuivit, devint ſon plus fidele diſciple, & l'on ſait combien il lui devoit.

plaire, fur la félicité des hommes, fur les devoirs
de citoyen, de pere, de mari : & cela fans préten-
tion, fans orgueil, mais avec le ton d'un ami qui
lui-même veut chercher avec nous la vérité. Il pos-
fédoit tellement l'art de lier fes idées & de répandre
du jour fur celles des autres, qu'en partant des principes les plus fimples, on pouvoit fans effort le fuivre de queftions en queftions, qu'on fe trouvoit près
du but fans s'en être apperçu, & qu'on ne croyoit
pas même avoir appris la vérité, mais l'avoir trouvée foi-même. ,, En cela, j'imite ma mere, difoit-il en plaifantant. Elle n'enfante plus elle-même,
mais elle a le talent d'aider les autres à enfanter.
C'eft ainfi que je fais la fonction d'accoucheur auprès
de mes amis. Mes queftions fervent à leur faire rapprocher de certaines idées, à en faifir les rapports,
& à leur faire enfin produire le fruit de leur entendement.''

Cette méthode, de trouver la vérité en interrogeant, étoit auffi la plus heureufe pour réfuter les
Sophiftes. Si l'on entroit avec eux dans de longues
difcuffions, il n'y avoit point de prife fur eux. Ils
vous menoient par tant de digreffions, ils cachoient
les défauts de leurs raifonnements fous des raifons fi
fpécieufes, ils femoient fi adroitement dans leurs
difcours tout ce que l'éloquence a de plus pompeux
& de plus impofant, que les auditeurs éblouis fe cro-
yoient perfuadés : & un battement de mains général
etoit l'ordinaire effet de leurs brillantes harangues.
Qu'on fe repréfente le regard triomphant que de tels

maîtres daignoient alors abaiſſer ſur leurs diſciples, ou même ſur leurs adverſaires ! Que fit Socrate dans une pareille rencontre ? Il battit des mains avec les autres ; mais il haſarda quelques queſtions très - ai-ſées, un peu éloignées du ſujet, que l'orgueilleux ſophiſte regarda comme folles, & auxquelles il ré-pondit par pitié. Socrate ſe rapprocha peu à peu du but, toujours en interrogeant, & toujours en cou-pant à ſon adverſaire l'occaſion de perdre de vue, en digreſſions, l'objet principal. Par-là, il les for-çoit de développer leurs idées, d'admettre des défi-nitions juſtes, & de laiſſer tirer de leurs fauſſes ſup-poſitions des conſéquences abſurdes. Se voyant ſer-rés de trop près, ils s'emportoient en invectives ; mais Socrate, ſans paroître y faire attention, con-tinuoit de développer leurs idées, juſqu'à ce qu'en-fin les abſurdités qui découloient des principes des ſophiſtes, devinſſent palpables au plus ſimple des au-diteurs. Et de cette maniere, ils devenoient la ri-ſée de leurs propres diſciples.

A l'égard de la réligion, il paroît avoir eu devant les yeux les maximes ſuivantes. Il croyoit qu'une doctrine ou une opinion qui conduit manifeſtement au libertinage, & qui eſt par conſéquent contraire au bonheur du genre humain, ne doit pas être épar-gnée, & qu'il eſt permis de la combattre, de la ri-diculiſer & d'en montrer les conſéquences abſurdes & funeſtes publiquement, en préſence des hypocri-tes, des ſophiſtes & du petit peuple. De cette es-pece étoient les dogmes des Fabuliſtes touchant les foiblesses, les injustices & les passions honteuses qu'ils attribuoient à leurs Dieux. Sur de pareilles affertions, ainsi que sur les idées erronées de la providence, sur celles qu'on doit avoir d'un Dieu rémunérateur & vengeur, il n'étoit jamais réservé, jamais incertain, pas même en apparence, mais toujours déterminé à soutenir la cause de la vérité avec un courage héroïque, &, comme l'événement l'a fait voir, à sceller sa confession par sa mort. Mais une doctrine qui n'étoit que théoriquement fausse & qui ne pouvoit nuire aux mœurs, étoit rarement l'objet de ses attaques. Au contraire, il professoit publiquement l'opinion dominante, il observoit (a) les cérémonies & les usages qu'elle autorisoit, & il évitoit toutes les occasions qui auroient pu donner lieu à une explication catégorique. Et si malgré sa grande circonspection il ne pouvoit se dispenser de répondre, il avoit une ressource qui ne lui manquoit jamais: il prétextoit son ignorance.

En cela, la méthode d'enseigner, qu'il avoit choisie dans d'autres vues, le favorisoit beaucoup. Car ne débitant jamais ses préceptes avec l'orgueil d'un homme qui sait tout, ne soutenant rien lui-même, mais cherchant par des interrogations à tirer la vérité de ses auditeurs, il lui étoit permis d'ignorer ce qu'il ne pouvoit ou n'osoit savoir. La vanité de sa-

---

(a) Conspiciebatur facrificans, perfæpè quidem domi : fæpè verò fuper communia Urbis altaria. *Xen.* Mem. C'est pour la même raison que *Xénophon* éleva un Temple à Diane. Vid. *Strab.*

voir une réponfe à toutes les queftions, a engagé nombre de grands hommes à foutenir des chofes qu'ils auroient blâmées dans la bouche de tout autre. Socrate étoit bien éloigné de cette vanité. Il difoit d'une chofe qui étoit au-deffus de fa portée, avec la franchife la plus naïve *Je ne fais pas cela;* & lorfqu'il s'appercevoit qu'on lui tendoit des pieges & qu'on vouloit lui arracher de certains aveux, il fe tiroit d'affaire en difant *Je ne fais rien.* L'oracle de Delphes le déclara le plus fage de tous les mortels. Il eft vraifemblable que la Prêtreffe avoit deffein de gagner par cette flatterie un homme qui pouvoit lui être fi dangereux, & de lui impofer la néceffité de déclarer fes décifions infaillibles, s'il vouloit effectivement être honoré comme le plus fage des mortels. Mais Socrate donna à cet oracle une tournure fort finguliere: „ Savez-vous, dit-il, pour-
„ quoi Apollon me regarde comme l'homme le plus
„ fage qui foit fur la terre? Ce n'eft que parce
„ que les autres croient favoir d'ordinaire ce qu'ils
„ ne favent pas; mais pour moi, je l'avoue, je vois
„ clairement que tout ce que je fais ne fert qu'à
„ me convaincre que je ne fais rien."

La réputation de Socrate fe répandit dans toute la Gréce, & les hommes les plus favants & les plus confidérés fe rendirent à Athenes pour jouir de fon commerce & de fes inftructions. Le defir de l'entendre étoit fi grand parmi fes amis, que plufieurs d'entr'eux expoferent leur vie, feulement pour être journellement avec lui. Les Athéniens avoient dé-

fendu, fous peine de mort, qu'aucun habitant de
Mégare ne mît le pied fur leur territoire. Eucli-
de, ami & difciple de Socrate, ne put s'empêcher
de venir voir fon maître. Le foir, vêtu en habits
de femme, il fe rendoit à Athenes, & le lendemain il s'en retournoit avant le jour à Mégare,
éloignée d'Athenes d'environ vingt mille pas. Socrate, malgré la haute confidération dont il jouïs-
foit, vivoit dans une extrême pauvreté. S'il eût
exigé des honoraires des Athéniens curieux de s'inftruire, il auroit pu fe faire un revenu confidérable, mais il refufa conftamment de rien retirer de
fes inftructions. Les fophiftes n'étoient pas hommes
à l'imiter fur ce point.

Il lui en a fans doute d'autant plus coûté à fupporter cette indigence, que fon époufe, la fameufe Xantippe (*a*), n'étoit pas la femme la plus mo-
dérée;

---

(*a*) *La fameufe Xantippe. Diogene Laërce* dit que Socrate eut
deux femmes en deux temps différents: la premiere nommée *Xan-*
*tippe,* & la feconde nommée *Myrto,* fille d'*Ariftide* furnommé le
*Jufte;* mais c'eft évidemment une erreur, puifque Xantippe étoit
vivante à la mort de Socrate. ,, D'autres prétendent (dit le même
Auteur) ,, qu'il époufa d'abord *Myrto,* & enfuite *Xantippe;* &
,, plufieurs croient qu'il les eut toutes deux en même temps. Ils
,, prétendent que pendant la Guerre du *Péloponnefe,* après que la
,, pefte eut emporté la plus grande partie des habitants d'*Athenes,*
,, il fut rendu une Ordonnance par laquelle, pour réparer plutôt
,, les pertes de la République, il étoit permis à chaque Citoyen
,, d'avoir deux femmes à la fois, & que Socrate ufa du bénéfice
,, de la nouvelle loi." Mais comme ce récit eft abfolument con-
tradictoire avec le caractere de chafteté de notre Philofophe, &
que fes Contemporains, fur l'autorité defquels je me fonde uniquement, n'ont jamais parlé de cette feconde femme ou maîtreffe,
nommée *Myrto;* on doit regarder cette anecdote comme un de ces

dérée; & que d'ailleurs il avoit à pourvoir des enfants qui attendoient leur entretien de fes fecours. Il eft vrai qu'il n'eft pas encore décidé que Xantippe fut d'un auffi méchant caractere qu'on le croit communément. Les contes publiés à fon défavantage viennent des auteurs poftérieurs, qui ne pouvoient connoître fon caractere que par ce qu'ils en avoient entendu dire. Platon & Xénophon, qui en devoient être les mieux inftruits, femblent la regarder comme une femme ordinaire, dont on ne peut dire ni beaucoup de bien, ni beaucoup de mal. On verra dans l'entretien fuivant, d'après le récit de Platon, qu'elle eft venue accompagnée de fon fils

---

contes en l'air, qu'un Auteur rapporte fur des oui dire. *Suidas*, fuivant fon goût ordinaire, copie cette bévue, que M. *la Mothe le Vayer*, avec plus de complaifance que de vérité, a fuivi fidélement; il l'appelle ,, Auteur à fon égard fans reproches." Mais laiffant-là ces' trois perfonnes de mérite, convenons qu'il eft impoffible que Socrate ait pu époufer une fille d'*Ariftide* le *Jufte*, qui vivoit quatre fiecles avant lui. *Athénée* a fait attention à cette faute de Chronologie; mais ne voulant pas perdre une hiftoire, à fon avis auffi bonne, il tâcha de la rectifier, en difant que cette *Myrto* n'étoit pas fille d'Ariftide le Jufte, mais qu'elle étoit fille d'*Ariftide*, fon petit-fils, & par conféquent arriere-petite-fille d'Ariftide le Jufte. *Deipn. lib.* 3.

Les Auteurs qui parlent de fon mariage avec *Myrto*, font, à ce qu'il rapporte, *Calliflhene*, *Démétrius de Phalere*, *Saturnus* le Péripatéticien, & l'infâme *Arifloxene*, qui tiroient tous ce fait d'un livre attribué à *Ariftote*, qui n'exifte plus, & qui peut-être n'a jamais exifté. Une circonftance auffi douteufe ne mérite aucun crédit, fi l'on fait attention au filence que *Platon* & *Xénophon*, fes Contemporains, ont gardé fur ce fujet. Etant entré dans un auffi grand détail fur la Vie de Socrate, ils n'auroient certainement pas omis un fait fi remarquable, s'il avoit été vrai. Ainfi, je penfe qu'on peut fûrement conclurre qu'il n'a pas eu d'autre femme que Xantippe.

viſiter Socrate dans la priſon, & qu'elle s'eſt extrêmement affligée de ſa mort. D'ailleurs tout ce qu'on
trouve de plus défavantageux à ſon ſujet, dans ces
auteurs les plus dignes de foi, ſe réduit à un paſſage dans le *Convivium* de Xénophon, où quelqu'un
demande à Socrate, pourquoi il avoit pris une femme ſi peu ſociable? Celui-ci replique, avec ſon ton
ordinaire: „ Celui qui veut apprendre à dreſſer des
„ chevaux ne choiſit pas pour ſes exercices un ani-
„ mal docile & patient, mais un cheval fougueux,
„ difficile à dompter. Voulant vivre avec les hom-
„ mes, j'ai dû, par la même raiſon, choiſir une
„ compagne difficile à vivre, pour en apprendre
„ d'autant mieux à ſupporter les différents caracteres
„ qui ſe rencontrent dans la ſociété". Dans un autre endroit, ce même auteur introduit Lamproclus,
fils de Socrate, qui ſe plaint à ſon pere du caractere
dur, de l'humeur inſupportable & des mauvais trai-
tements de ſa mere; mais par la réponſe de Socrate
il paroît, à ſa louange, que malgré toute ſa mauvaiſe humeur elle obſervoit ſcrupuleuſement les devoirs de mere, qu'elle aimoit ſes enfants & qu'elle
en avoit le plus grand ſoin. Ce témoignage de ſon
époux détruit, ce me ſemble, toutes les petites
hiſtoires injurieuſes qu'on a imaginées à ſes dépens,
& dans leſquelles on l'a propoſée à la poſtérité comme un exemple de femme impérieuſe & méchante.
On eſt fondé à croire que Socrate n'a pas fait avec
ſon épouſe un emploi inutile de ſon heureux talent
de vivre avec les hommes, mais que par une patien-

cé infatigable, par fes complaifances & fes exhorta-
tions, auxquelles rien ne pouvoit réfifter, il a vaincu
la dureté de fon caractere, gagné fon affection, &
que d'une femme opiniâtre & difficile à vivre, il eft
parvenu à en faire une femme raifonnable, une tendre mere & une époufe affectionnée.

Perfonne ne fut jamais mieux inftruit que Socrate
des devoirs d'un pere. Il favoit très-bien qu'il étoit
dans l'obligation de pourvoir fa famille & de lui procurer une fubfiftance honnête, & fouvent il recom-
mandoit à fes amis ce devoir naturel ; & fi lui-même
ne le remplit pas, c'eft qu'un devoir fupérieur l'en
empêcha. De fon temps, les mœurs d'Athenes
étoient tellement corrompues qu'un fordide intérêt
étoit devenu le mobile de toutes les actions: mais
ce fut fur-tout la vile avidité des fophiftes, qui ne
répandoient qu'à prix d'argent leurs dogmes perni-
cieux, & qui ne rougiffoient pas d'employer les moyens les plus honteux pour s'enrichir aux dépens du
peuple abufé, qui lui impofa en quelque maniere
l'obligation d'oppofer à la plus baffe cupidité le dés-
intéreffement le plus marqué ; & cela afin que fes
vues, extrêmement pures, ne fuffent fufceptibles
d'aucunes malignes interprétations. Il aimoit mieux
être indigent &, lorfqu'il manquoit du néceffaire,
vivre d'aumônes, que de juftifier par fon exemple la
baffe avarice de ces faux apôtres de la fageffe.

Athenes ayant réfolu de faire la guerre aux Béotiens, Socrate interrompit ces occupations bienfai-
fantes, pour porter une feconde fois les armes con-

tre les ennemis de ſa patrie. Les Athéniens perdi-
rent une bataille près de Delium & furent battus
complettement. Socrate y fit des prodiges de valeur, & ne ſe ſignala pas moins dans l'action que
dans la retraite. „ Si tout le monde eût fait ſon de-
„ voir comme Socrate, dit le général Lachès, dans
„ Platon, cette journée n'auroit certainement pas
„ été funeſte aux Athéniens ". Voyant ſes compatriotes prendre la fuite, il crut devoir auſſi ſe retirer, mais pas à pas, & faiſant ſouvent face à l'ennemi pour réſiſter à quiconque oſeroit l'attaquer de
près. Tout en faiſant retraite, il apperçut Xénophon, que ſon cheval en ſe cabrant venoit de jetter
à terre, & qui étoit dangereuſement bleſſé ; il court
à lui, le releve, le charge ſur ſes épaules & le porte en lieu de ſûreté.

Tandis que Socrate ſe couvroit de gloire, les Prêtres, les Sophiſtes, les Orateurs, & tous ceux qui à
Athenes faiſoient un commerce ſervile de l'éloquence & de la philoſophie, ſe liguerent pour irriter les
eſprits contre Socrate, qu'ils regardoient, non ſans
fondement, comme leur ennemi le plus dangereux.
A ſon retour, il trouva un parti formé, qui recher-
choit toutes les occaſions de lui nuire. Ils achete-
rent, comme on peut le préſumer, le poëte comique Ariſtophane, afin que dans une farce qu'on appelloit alors du nom de comédie, il rendît Socrate
odieux & ridicule ; ſoit pour ſonder le petit peuple, ſoit ſeulement pour le préparer ; & ſi le coup
réuſſiſſoit, pour ſe porter à des accuſations plus

graves. Cette farce fut intitulée *les Nuées*. Socrate y étoit le principal perſonnage, & l'acteur qui jouoit ce rôle s'efforça de le contrefaire d'après nature. Il imita autant qu'il le put ſon habillement, ſa démarche, ſon geſte & juſqu'à ſa voix. La piece, pour l'honneur de notre philoſophe, s'eſt conſervée juſqu'à nos jours. On ne peut imaginer rien de plus indécent.

Socrate n'alloit guere au ſpectacle que lorſqu'on donnoit les pieces d'Euripide, auxquelles on prétend qu'il avoit lui-même part ; mais il eut le courage de ſe trouver à la comédie d'Ariſtophane. Il entendit pluſieurs étrangers s'informer ? qui étoit ce Socrate qu'on oſoit ainſi outrager ſur le théâtre. Il s'avança au milieu de l'auditoire & demeura debout juſqu'à la fin de la piece, afin que tout le monde pût le comparer avec la copie. Ce coup fut mortel pour le poëte & pour la cabale. Les ſaillies les plus bouffonnes ne firent plus d'effet. Les ſpectateurs à la vue de Socrate furent pénétrés d'étonnement & d'admiration. Son intrépidité confondit Ariſtophane & ſes adhérants. L'auteur, après avoir fait quelques changements à ſa piece, la remit au théâtre l'année ſuivante, mais avec auſſi peu de ſuccès. Les ennemis du philoſophe furent obligés de remettre la perſécution projettée à un temps plus favorable.

A peine la guerre contre les Béotiens fut-elle terminée, que les Athéniens ſe virent dans la néceſſité de lever une nouvelle armée, pour faire tête à Braſidas, général Lacédémonien, qui venoit d'enlever

plufieurs places de leur domination en Thrace, &
entr'autres la ville importante d'Amphipolis. Le danger où l'avoit expofé fa derniere abfence, n'empêcha pas Socrate de fervir encore fa patrie. Ce fut
pour la derniere fois qu'il quitta Athenes, il n'en
fortit plus depuis jufqu'à fa mort. Il paffoit la plus
grande partie de fon temps au milieu de la jeuneffe
d'Athenes, qu'il fe plaifoit à inftruire & à former à
la vertu. Mais comme en tout il étoit amateur du
beau, dans le choix de fes amis il fembloit donner
la préférence à ceux que la nature avoit ornés des
graces corporelles (a). Un beau corps, difoit - il
fouvent, promet une belle ame, & fi elle ne répond
pas à l'attente, il faut qu'elle ait été négligée. Auffi
employoit-il tous fes foins pour cultiver & perfectionner l'efprit de ceux qui étoient doués d'une figure agréable. Mais perfonne ne l'intéreffoit autant
qu'Alcibiade (b), jeune homme d'une rare beauté,

---

(a) *Graces Corporelles. Maxime de Tyr* diftingue élégamment
cette affection vertueufe que Socrate avoit pour fes difciples, de
cette paffion infâme à laquelle quelques anciens Philofophes ont
été fujets. Differt. ix. *Plutarque* dit que Socrate avoit coutume
de recommander aux jeunes gens de fe regarder fouvent dans un
miroir, afin que, s'ils étoient d'une figure agréable, ils euffent
grand foin de ne pas ternir cette beauté par aucun vice, & qu'au
contraire, s'ils étoient d'une figure choquante, ils s'appliquaffent
à réparer cette difformité par des vertus. Voyez auffi *Diog. Laërt.*
dans la vie de *Socrate.*

(b) *Alcibiade.* Solon avoit établi une loi à Athenes, qui fut
enfuite adoptée dans toute la Grece, par laquelle les hommes
d'une fageffe & d'une probité éprouvée, étoient obligés de prendre foin de l'éducation des jeunes gens, de s'attirer leur amitié,
& de les élever dans les principes de la juftice, de l'honneur &

de grands talents, hardi, impérieux, & d'un tempérament ardent; il le fuivit fans fe laffer, lia converfation avec lui dans toutes les occafions, & il employa tout l'afcendant qu'il pouvoit avoir fur lui pour le détourner des excès de l'ambition & de la volupté, auxquels il avoit naturellement un grand penchant. Platon lui prête, à cette occafion, des expreffions prefque amoureufes. C'eft ce qui, dans les fiecles poftérieurs, a donné lieu d'accufer Socrate d'un commerce criminel avec les jeunes gens. Mais il eft remarquable que les ennemis même de Socrate, Ariftophane dans fes *Nuées*, & Mélitus dans fon accufation, n'en font aucune mention. Mélitus l'accufe bien de corrompre la jeuneffe, mais cette imputation, comme on n'en peut douter par la réponfe de Socrate, étoit relative aux loix de la réligion & de la politique, pour lefquelles on prétendoit qu'il n'infpiroit que de l'indifférence aux jeunes Athéniens. Et dans la fuppofition même que les

---

de la bravoure. On vit un exemple remarquable de cet amour vertueux qui fubfiftoit entre les jeunes gens & leurs précepteurs, à la bataille de *Chéronée*, dans la phalange facrée des *Thébains*, où il y en eut plus de trois cents de tués les uns auprès des autres. *Philippe*, Roi de Macédoine, les ayant vus ainfi étendus fur le champ de bataille, s'écria en pleurant: *Maudits foient ceux qui peuvent foupçonner ces Héros de faire ou de fouffrir une baffeffe*. Eloge admirable, de la part d'un Ennemi, de cette valeur qui faifoit le principe de leur amitié. Cette forte d'éducation étoit tellement néceffaire & ufitée parmi les *Grecs*, que, comme le remarque *Cicéron*, ,, Apud eos opprobrio fuit adolefcentibus, ,, fi amatores non haberent." De Rep. Lib. 4. *Amatores* fignifie Précepteurs, ainfi qu'il a été expliqué ci-deffus.

mœurs euffent alors été portées à ce degré de corruption, que le crime dont il s'agit, n'eût pas été
regardé comme un vice, il eft bien plaufible que fes
ennemis n'auroient pas cru devoir abfolument taire
cette circonftance, s'il ne leur eût pas été impoffible d'accufer de cette impudicité brutale, celui qui
fe faifoit l'apologifte de la continence.  Qu'on life
les reproches féveres qu'il fait à Critias & à Cri-
tobolus; qu'on life le témoignage que lui rend le
pétulent Alcibiade dans le *Sympofiaque* de Platon.
Le filence de fes ennemis & de fes calomniateurs
femble ne laiffer aucun doute, que cette imputation
ne foit fans fondement & une calomnie criminelle (*a*).  Les expreffions de Platon, quelques étrangeres qu'elles nous paroiffent aujourd'hui, ne prou-
vent rien autre chofe, finon que cette galanterie
peu naturelle étoit alors le langage à la mode, à-
peu-près comme l'homme le plus grave de nos jours

---

(*a*) *Calomnie criminelle.* Il y a certainement une faute, ainfi
que l'ont obfervé plufieurs Commentateurs, dans le dixieme vers
de la feconde Satyre de *Juvenal:*

Inter Socraticos *notiffima foffa Cynædos.*

Cette erreur vient de quelque Copifte ignorant, qui ayant entendu
mal parler de l'affection de Socrate pour Alcibiade, & qui ne con-
noiffant pas le Poëte *Sotade,* a mis *Socraticos* au lieu de *Sotadicos.*
Ce *Sotade* étoit un poëte fort impur, qui avoit compofé un poëme
en vers Iambiques irréguliers, dont il y en avoit de rétrogrades
que l'on appelloit de fon nom, Vers Sotadiques, *Sotadeum Car-
men. Suidas* les appelle *Verfus Cynædos,* vers fans honte & fans
pudeur. Ainfi il n'y a point de doute que ce ne foit du nom de
ce poëte que *Juvenal* a emprunté l'épithete *Sotadicos.*

ne fe feroit pas un fcrupule en écrivant à une perfonne du fexe, de lui dire des chofes galantes fans
être aucunement affecté du fentiment de l'amour.

Les favants fe font partagés fur ce qu'on devoit
entendre par fon *Génie* qui, à ce qu'il prétendoit,
le retenoit toutes les fois qu'il alloit entreprendre
quelque chofe de nuifible. Quelques-uns croient
qu'en cela Socrate s'eft permis une petite fiction
pour être écouté du peuple fuperftitieux; mais cela ne s'accorde point du tout avec la franchife &
la fincérité dont il faifoit profeffion. D'autres en-
tendent par ce génie, une raifon éclairée, un fentiment jufte du bien & du mal, un art enfin de
prévoir l'avenir par de juftes réflexions fur le paffé
& fur le préfent. Il y a, dit un philofophe, un
certain fil dans les affaires du monde, qui les en-
chaîne les unes aux autres; & quand on peut le
faifir adroitement, on n'eft pas éloigné de percer
dans l'avenir, on apperçoit en gros la fuite des
chofes. Mais on trouve dans Xénophon & dans
Platon plufieurs paffages où cet efprit paffe pour
avoir prédit à Socrate des chofes qu'on ne peut expliquer par aucune force naturelle de l'ame. Ces
circonftances font fans doute de l'invention de fes
difciples, qui l'ont fait dans de bonnes intentions.
Peut-être Socrate, qui, comme nous l'avons vu,
avoit des difpofitions à l'enthoufiafme, avoit-il lui-
même affez de foibleffe, ou l'imagination affez ar-
dente, pour transformer ce fentiment vif, qu'il ne
pouvoit expliquer, en un efprit familier, & pour lui

attribuer enfuite des preffentiments qui viennent d'u-
ne toute autre fource. Faut-il donc qu'un grand
homme foit abfolument libre de toute foïbleffe & de
tout préjugé? C'étoit celui du temps (*a*) de Socrate; pour le corriger il auroit fallu faire un effort de
génie qu'il a cru devoir employer plus utilement.
D'ailleurs il étoit accoutumé à tolérer toutes les fu-

---

(*a*) *C'étoit celui du temps de Socrate.* M. *de Voltaire* dit avec
le ton avantageux qui lui eft ordinaire, en parlant de l'ame humaine, fur laquelle fes connoiffances font très-bornées : „ Le Dé-
„ mon de Socrate lui avoit appris fans doute ce qui en étoit: il
„ y a des gens, à la vérité, qui prétendent qu'un homme QUI SE
„ VANTOIT d'avoir un Génie familier, étoit indubitablement un
„ fou ou un fripon; mais ces gens-là font trop difficiles." Dans
les *Mél. de Phil. & de Litt.* Avec ce ton ironique il voudroit
faire entendre que Socrate étoit un fou ou un fripon. Pour prouver que c'eft-là fon deffein, il n'y a qu'à donner à fon raifonnement la forme d'un fyllogifme. „ Celui qui fe vante d'avoir un
„ Génie familier, eft un fou ou un fripon. *Or*, Socrate fe van-
„ toit d'en avoir un: *donc*, il étoit l'un ou l'autre." La majeure
eft certainement vraie; mais l'ignorance eft évidente dans la mi-
neure, & ce Génie François emporté par l'*ignis fatuus* de fa vivacité, a tiré la conféquence la plus fauffe. Les Efprits fuperfi-
ciellement lettrés font fouvent fujets à de pareilles bévues.
Socrate ne s'eft jamais vanté d'avoir un efprit familier; il difoit que depuis fon enfance un guide intérieur, une voix divine,
un *Dæmonium* l'infpiroit fouvent, non pour l'exciter à quelque
entreprife, mais pour le détourner de ce qu'il avoit réfolu. V.
*Platon*, in Théag. *Cicéron* obferve également que cette infpiration
(qu'il traduit par le mot *aliquid divinum*) ne fe faifoit fentir que
pour le détourner de quelque entreprife. „ Aliquid Divinum,
„ quod Socrates *Dæmonium* appellat, cui femper ipfe paruerit,
„ nunquam impellenti, fæpè revocanti." *Cicer.* de Div. Il eft
donc étonnant que M. *Rollin* (Hift. Anc. V. 4.) ait accufé d'im-
pofture *Socrate*, qui ne s'eft jamais fervi, pour établir fa réputation dans l'efprit du peuple, de ces rufes dont les Politiques ont
fait communément ufage. Notre Philofophe s'eft conftamment ap-
pliqué à détruire, & non pas à augmenter la fuperftition dans
l'efprit des Athéniens.

perftitions qui ne pouvoient conduire directement au libertinage, comme nous l'avons obfervé plus haut.

La félicité du genre humain étoit l'objet de fes études. Dès qu'un préjugé ou une fuperftition donnoit occafion à des abus manifeftes, à la violation des droits de l'humanité, à la corruption des mœurs, &c. il le combattoit avec force, & ni les menaces ni la perfécution n'étoient capables de l'arrêter. C'étoit parmi les Grecs une fuperftition affermie par une longue tradition que les ombres des morts privés de fépulture erroient fans relâche, l'efpace de cent ans, fur les rives du Styx avant d'être paffées. On peut avoir infpiré au peuple groffier cette opinion dans des vues fort louables. Cependant du temps de Socrate, par un abus honteux, elle coûta la vie à plufieurs citoyens de mérite. Les Athéniens venoient de remporter près des Ifles Argienes une victoire fignalée fur les Lacédémoniens ; mais une violente tempête ne permit pas aux Généraux de la flotte victorieufe de pouvoir enterrer leurs morts. De retour à Athenes, ils furent accufés devant le peuple, & on leur fit un crime de cette omiffion. Socrate préfidoit ce jour-là dans le confeil des Prytanes (a), chargés de l'adminiftration des affaires pu-

(a) *Des Prytanes.* La dépravation générale empêcha Socrate d'accepter aucun emploi ; & quoique par les Conftitutions de l'Etat chaque Citoyen fût en droit de donner fon opinion dans les affemblées publiques, il refufa conftamment de s'y trouver, jufqu'à l'âge de foixante ans, qu'il fut élu pour repréfenter fa tribu dans le Sénat. Ce Sénat étoit compofé de cinq cents membres, & il étoit appellé par diftinction le *Sénat des cinq cents:* chaque

bliques. La méchanceté de quelques hommes puis-
fants, l'hypocrifie des prêtres, la baffeffe des orateurs, & la vénalité des fophiftes s'étoient réunies
pour exciter le zele aveugle du peuple contre ces
généreux défenfeurs de l'Etat. Le peuple demande
à grands cris leur condamnation, une partie du Sénat

---

citoyen, de tel état qu'il fût, lorfqu'il avoit paffé trente ans, pouvoit y être admis; le temps de leur exercice duroit une année, à
l'expiration de laquelle ces Sénateurs étoient réformés, & rempla-
cés par de nouveaux. L'élection fe faifoit de la maniere fuivante.
Tout le Peuple d'Athenes étoit divifé en dix Tribus ou Quartiers;
chaque Tribu avoit le droit en particulier de choifir & de nommer
cinquante Citoyens, qui devoient être Membres de ce Sénat; les
noms des Candidats qui afpiroient à cette place, étoient infcrits
fur des pieces de cuivre, & mis dans une urne. On mettoit dans
une autre un pareil nombre de feves, dont cinquante étoient blan-
ches, & toutes les autres noires; dans le même inftant que l'on
tiroit le nom d'un Citoyen, on tiroit une feve, & celui au nom
duquel il fortoit une feve blanche, étoit élu Sénateur. Toutes les
affaires de la République étoient du reffort de ce Sénat; c'étoit lui
qui régloit ce qui concernoit les Bâtiments publics, les Places,
les Arfénaux & les Temples; il avoit le maniment des Finances,
il déclaroit la Guerre, faifoit la Paix, & examinoit tous les pro-
jets relatifs au Gouvernement, avant qu'ils fuffent communiqués
aux Affemblées du Peuple. Chaque Tribu préfidoit à fon tour, &
avoit la direction de toutes les affaires pendant cinq femaines, à
la fin defquelles une autre Tribu fuccédoit, & faifoit le même offi-
ce: après cette feconde une troifieme, & ainfi des autres, jufqu'à
ce que les dix euffent été en fonction. Les Sénateurs qui étoient
en exercice, s'appelloient *Prytanes*; il y en avoit dix qui préfi-
doient, leur pouvoir duroit une femaine, & paffoit enfuite à dix
autres, & ainfi fucceffivement dans toute la Tribu. Outre ces
dix Préfidents, on en choififfoit un, qu'on appelloit *Epiftate*, qui
n'étoit en exercice que pendant un jour & qu'une feule fois dans
fa vie, à caufe de l'importance de fa Commiffion. L'*Epiftate*
avoit la garde des clefs de la Forterefse & du Tréfor public; en
un mot, il étoit le Dépofitaire du falut de la République. Socrate ayant été élu Membre de ce Sénat, parvint à fon tour à la
dignité d'Epiftate.

même eft infatuée de cette opinion populaire, &
le refte n'avoit pas affez de courage pour s'oppofer à l'impétuofité de ce torrent, dont la fource
fembloit être facrée. Tous confentirent au fupplice
ce de ces citoyens infortunés. Socrate feul eut la
noble fermeté de défendre leur innocence. Il mé-
prifa & les menaces des gens puiffants & la faveur
du peuple irrité ; il fe rangea feul du côté de l'innocence opprimée , prêt à tout fouffrir plutôt que
de confentir à une injuftice auffi criante. Mais tous
les efforts qu'il fit pour les fauver, furent inutiles.
Il eut le chagrin de voir que le zele aveugle l'emporta & que la République fe fit à elle-même l'in-
jure de facrifier fes plus braves défenfeurs à un préjugé chimérique. L'année fuivante, les Athéniens
furent totalement battus par les Lacédémoniens,
leur flotte fut détruite, leur capitale affiégée & ré-
duite à une telle extrémité, qu'ils furent forcés de
fe rendre à difcrétion. Il eft très-vraifemblable que
la difette de Généraux expérimentés du côté des
Athéniens n'avoit pas peu contribué à cette défaite.

Lyfandre, Général Lacédémonien, qui avoit pris
la ville, favorifa une rébellion qui s'y étoit excitée,
changea le gouvernement Démocratique en Oligar-
chie, & fubftitua un confeil de trente hommes,
connus fous le nom de Trente tyrans. Les plus
cruels ennemis n'auroient pu fe conduire dans la ville
avec autant de fureur qu'en exercerent ces mon-
ftres. Sous le fpécieux prétexte de prévenir des ré-
voltes & de punir des crimes d'Etat, les principaux

citoyens d'Athenes furent conduits au fupplice. Enfin le vol, la rapine, l'exil, l'affaffinat, furent les
actions qui fignalerent leur régence. Socrate déplo-
roit les malheurs d'Athenes, & ce qui le pénétroit
encore d'une plus vive douleur étoit de voir, dans
le nombre de ces chefs abominables, un Critias qui
avoit été fon difciple. Ce Critias, fon ancien ami,
qui avoit affifté à toutes fes inftructions, étoit devenu le plus ardent de fes ennemis, & cherchoit
toutes les occafions de le perfécuter. La haine en-
venimée que cet homme exécrable nourriffoit dans
fon fein contre Socrate, venoit des reproches un
peu durs que ce Sage lui avoit faits fur fon impure-
té brutale, & fur un penchant qui outrage la nature.

Ce fcélérat & un nommé Chariclès, ayant été
faits Légiflateurs, dans le deffein de perdre Socrate
établirent une loi qui défendoit d'enfeigner déformais
la rhétorique. Ils apprirent que Socrate avoit tenu
des difcours qui leur étoient injurieux, & qu'il avoit
dit, en divers endroits, qu'il étoit fingulier que des
pafteurs fiffent maigrir, en diminuant le nombre, le
troupeau confié à leur garde, fans cependant vouloir être regardés comme de mauvais pafteurs; mais
qu'il étoit bien plus fingulier encore que les chefs
d'un Etat fiffent périr les meilleurs citoyens & cher-
chaffent à abrutir les autres, fans vouloir paffer pour
de mauvais chefs. Ils le firent comparoître, lui
montrerent la loi, & lui défendirent de s'entretenir
avec les jeunes gens. „ M'eft-il permis, dit Socra-
„ te, de faire quelques queftions fur certains points

» qui ne me paroiſſent pas aſſez clairs dans cette dé-
» fenſe ? " — Nous vous le permettons.

» — Je ſuis prêt à ſuivre la loi ; mais je crains de
» la violer par ignorance. Je vous demande donc ſi,
» par rhétorique, vous entendez l'art de bien ou de
» mal parler ? Si c'eſt l'art de bien parler, je dois
» m'abſtenir de dire à quelqu'un ce qu'il doit faire
» pour bien parler ; mais ſi, au contraire, vous avez
» voulu entendre l'art de parler mal, ſoyez perſua-
» dés que je n'apprendrai jamais à perſonne à mal
» parler."

Chariclès s'emporta & dit : » Tu feins de ne pas
» entendre la loi, mais nous te l'avons rendue aſſez
» intelligible en te défendant de parler abſolument
» aux jeunes gens. — Mais, reprit Socrate, pour
» ſavoir en cela comment je dois me conduire, il
» faut du moins que vous fixiez juſqu'à quel âge
» vous regardez les hommes comme jeunes. — Tant
» qu'ils ne pourront pas prendre place dans le Sénat,
» répondit Chariclès ; c'eſt-à-dire, tant qu'ils ne ſe-
» ront pas parvenus à l'âge de maturité, en un mot
» à trente ans.

» Mais quand je voudrai acheter quelque choſe,
» repartit Socrate, d'un jeune homme au-deſſous de
» trente ans, ne lui en dois-je pas demander le prix ?
» — Cela ne t'eſt pas défendu ; mais tu demandes
» quelquefois des choſes que tu ſais fort bien, &
» ce ſont-là les queſtions dont tu dois t'abſtenir. —
» Ne dois-je pas répondre, ſi un jeune homme me
» demande où demeure Chariclès ou Critias ? —

„ Cela t'eſt ſans doute permis, mais abſtiens-toi de
„ ces comparaiſons uſées de corroyeurs, de charpen-
„ tiers, &c. —— Apparemment auſſi des idées que
„ ces comparaiſons me ſervent à rendre ſenſibles,
„ comme celles de juſtice, de ſainteté, de piété,
„ &c. —— Préciſément, répondit Chariclès, & ſur-
„ tout de celles de paſteurs, ſi tu ne veux pas être
„ retranché du troupeau. ”

Socrate ne fit pas plus de cas de leurs menaces
que de la loi abſurde, qu'ils n'avoient nullement été
autoriſés à établir, comme étant directement contraire à la ſaine raiſon & à la loi naturelle. Il continua d'enſeigner la vertu & la juſtice avec un zele
infatigable ; & les tyrans n'oſerent l'attaquer directement. Ils chercherent des détours, & voulant l'im-
pliquer dans leurs injuſtices, ils le chargèrent avec
quatre autres citoyens, d'amener à Athenes Léon
de Salamine, pour le faire mourir. Ces citoyens ac-
cepterent la commiſſion ; mais Socrate déclara qu'il
ne ſe prêteroit jamais à l'iniquité. Tu prétends
donc, lui dit Chariclès, avoir la liberté de déſobéir
impunément à tes juges ? Je ſuis loin de prétendre à
l'impunité, reprit Socrate, je ſuis prêt à tout ſouffrir, à l'exception de faire injuſtice à quelqu'un.
Une réponſe ſi généreuſe força au ſilence ces indignes magiſtrats. Ces libertés lui auroient enfin
coûté la vie, ſi le peuple excédé de la cruauté
de ces tyrans, n'eût excité un ſoulévement, maſſa-
cré les principaux chefs, & chaſſé les autres de la
ville.

Cepen-

Cependant fous le gouvernement démocratique rétabli, Socrate n'effuya pas un fort plus heureux. Ses anciens ennemis, les fophiftes; les prêtres & les orateurs, trouverent enfin l'occafion tant attendue de le perfécuter avec plus de fuccès, & enfin de le faire mourir. Anytus, Mélitus, & Lycon font les noms à jamais exécrables, de ceux qui ont prêté leur miniftere à l'exécution de ce noir deffein. Ils répandirent parmi le peuple la calomnie la plus atroce, ils publierent que c'étoit de Socrate, que Critias avoit appris les principes de tyrannie, qu'il avoit récemment pratiqués avec une cruauté inouïe. Quiconque connoît la crédulité & l'inconftance du peuple, ne fera pas étonné que les Athéniens aient prêté l'oreille à une fauffeté fi manifefte, quoique tout le monde fût ce qui s'étoit paffé entre Socrate & les tyrans.

Quelques années auparavant Alcibiade, né avec un génie vafte, mais avec un caractere violent, avoit, dans une partie de débauche, brifé les ftatues de Mercure, & tourné publiquement en ridicule les myfteres d'Eleufis. En conféquence d'une profanation fi publique, il avoit été obligé de quitter fa patrie. Rien n'étoit plus contraire aux préceptes & à la conduite de Socrate qu'un tel attentat. Il refpecta toujours le culte public, quelque fuperftitieux qu'il fût; & quant aux *Eleufinies*, il confeilloit à tous fes amis de s'y faire initier. Pour lui il croyoit avoir des raifons de s'en abftenir. Il eft très-probable que les myfteres d'Eleufis n'étoient autre chofe que les dog-

mes de la réligion naturelle & une explication raifonnable des fables. Si Socrate refufa conftamment
de s'y faire initier, ce fut apparemment pour fe
conferver la liberté de publier ces mêmes dogmes,
& que les prêtres cherchoient à lui ôter par l'ini-
tiation.

Lorfque fes calomniateurs crûrent avoir fuffifam-
ment préparé le peuple par des bruits envenimés,
Anytus porta contre Socrate une accufation en forme aux Magiftrats de la ville, qui la firent auffitôt
parvenir à la connoiffance du peuple. Ils convoque-
rent le Sénat *Héliéen* (a), & le nombre des citoyens
qui devoient décider de cette affaire, fut déterminé par le fort, fuivant l'ufage. L'accufation étoit
conçue en ces termes: *Socrate contrevient aux loix,*
1. *parce qu'il ne respecte pas les Dieux d'Athenes &*
*qu'il veut introduire une nouvelle Divinité;* 2. *parce*
*qu'il corrompt la jeuneffe, en lui infpirant du mépris*
*pour tout ce qui eft Saint. Que fa punition foit la*
*mort.* Ses amis lui apporterent des plaidoyers très-
éloquents pour fa défenfe. » Ils font très-beaux,
» leur dit-il, mais à mon âge, il ne me fieroit pas

---

(a) *Héliéen.* Ce Sénat s'appelloit *Héliéen,* parce qu'il fe tenoit
en plein air; il étoit ordinairement compofé de deux ou de cinq
cents Sénateurs, quelquefois même d'un plus grand nombre. M.
*Rollin* confond ce Tribunal avec celui des *Cinq cents;* c'eft fans
doute le même nombre de Citoyens qui fe trouvoient quelquefois
dans l'un & dans l'autre, qui l'a induit en erreur. Socrate dit
pofitivement dans l'*Apologie de Platon,* qu'il n'avoit jamais affifté
à la tenue de ce Sénat (c'eft-à-dire du Sénat *Héliéen*); au lieu qu'il
avoit été Membre du Confeil des *Cinq cents,* lors de la condamnation des Généraux *Arginufiens.*

» de prononcer des difcours travaillés avec tant
» d'art. — Ne compoferas-tu pas quelque chofe
» toi-même pour ta juftification? lui demanderent-
» ils. — La meilleure apologie que je puiffe faire,
» répondit-il, eft de n'avoir de ma vie fait injufti-
» ce à perfonne. J'ai commencé à différentes re-
» prifes à penfer à une défenfe; mais à chaque
» fois j'en ai été empêché par Dieu. Peut-être eft-
» ce fa volonté que je meure à cet âge d'une mort
» plus aifée, avant d'arriver à une vieilleffe décré-
» pite, qui reffemble à une maladie, & d'être à
» charge à moi-même & à mes amis". Il n'y a
pas long-temps que quelqu'un a prétendu trouver,
dans ces paroles, la preuve que Socrate étoit un
lâche, qui avoit plus craint les incommodités de la
vieilleffe, que la mort. Il ne faut pas peu de hardieffe pour ofer perfuader au lecteur une pareille
affertion.

Au jour fixé pour l'examen du procès, parurent
Mélitus, Anytus & Lycon; le premier pour les
poëtes, le fecond pour les prêtres, & le troifieme
pour les orateurs. Ils monterent fucceffivement en
chaire, & prononcerent les difcours les plus capables d'en impofer au peuple par les plus artificieu-
fes calomnies. Socrate y monta à fon tour, fans
trembler, fans prétendre, fuivant l'ufage de ces
temps, exciter la pitié des juges par un afpect la-
mentable, mais avec l'air affuré qui convenoit à fa
fageffe. Il fit une harangue fimple & fans art,
mais mâle & très-pathétique; dans laquelle il réfuta

fans amertume toutes les calomnies & tous les faux
bruits qu'on avoit répandus à fon défavantage, confondit fes accufateurs & montra dans leurs accufa-
tions mêmes des contradictions & des abfurdités. Il
fe comporta envers fes juges avec le refpect qui leur
étoit dû; mais il leur parla d'un ton fi ferme, & en
homme fi perfuadé de fon innocence, que fon discours fut fouvent interrompu par des murmures. Il
finit par ces mots:

» Ne vous fâchez pas, ô Athéniens, fi, contre
» la coutume des accufés, je ne vous parle pas fon-
» dant en larmes, ou fi je ne fais paroître devant
» vous mes enfants, mes parents & mes amis dans
» une attitude pitoyable, pour vous porter à la
» compaffion. Si je n'ai pas eu recours à ces mo-
» yens, ce n'eft ni par orgueil, ni pour vous bra-
» ver, mais parce que je penfe qu'il eft indécent
» d'implorer la pitié du juge & de prétendre le dis-
» pofer en notre faveur, autrement que par la jufti-
» ce de la caufe. Le juge s'eft engagé par ferment
» à prononcer felon les loix & l'équité, & à être
» également en garde contre la pitié & le reffenti-
» ment. Nous autres accufés, nous agiffons donc
» contre la juftice & l'équité, fi par nos lamenta-
» tions nous cherchons à vous rendre parjures: &
» contre les égards que nous vous devons, fi nous
» vous croyons capables de le devenir. Je ne veux
» en aucune façon devoir mon falut à des moyens
» qui ne font ni juftes, ni équitables, ni réligieux,
» fur-tout étant accufé par Mélitus d'impiété. Si

„ par mes fupplications, je cherchois à vous rendre
„ parjures, ce feroit une preuve évidente que je ne
„ reconnois point de Dieux; & cette défenfe même
„ me convaincroit d'Athéifme (*a*): mais non! je fuis
„ perfuadé plus que tous mes accufateurs de l'exi-
„ ftence de Dieu (*b*), & je me réfigne au Dieu fu-
„ prême & à vous, afin que vous jugiez felon la
„ vérité, & que vous décerniez à mon égard ce
„ que vous croyez le meilleur pour vous & pour
„ moi. ”

Les Juges furent très-mécontents de cette inébranlable fermeté, & ils interrompirent Platon qui
étoit monté après lui dans la tribune, & qui com-
mençoit à parler. „ Quoique je fois le plus jeune
„ (c'eft ainfi que débuta Platon,) de ceux qui vien-
„ nent de monter ici ” — Defcends, lui crierent-
ils; & ils ne lui permirent point de continuer. Socrate, à la pluralité de trente-trois voix, fut déclaré
coupable.

Il étoit d'ufage à Athenes, que les condamnés
s'impofaffent eux-mêmes une certaine punition, comme une amende, la prifon, ou l'exil, pour confir-

---

(*a*) *D'Athéifme.* Cette réflexion de Socrate eft conforme à fa
Doctrine; il fait entendre que quiconque fait une injuftice, prouve
par fon action qu'il ne croit point un Dieu. En effet, fi l'on avoit
toujours préfente à l'efprit l'exiftence de Dieu, on éviteroit certainement de commettre une action qui infailliblement ne peut pas
lui être agréable.

(*b*) *De l'exiftence de Dieu.* Dans cet endroit, où Socrate fait une
confeffion particuliere de foi, il fe fert du nombre fingulier *Dieu*,
& non pas *Dieux*.

mer par-là l'équité de la sentence, où plutôt pour faire un aveu de leurs crimes. On dit à Socrate de choisir; mais il ne crut pas devoir être assez injuste envers lui-même pour s'avouer coupable, & il dit: " Si vous voulez que je dise franchement ce que je " crois avoir mérité, sachez, ô Athéniens! que je " crois être en droit d'attendre de la République par " les services que je lui ai rendus, d'être entretenu " aux dépens du public dans le Prytanée (a). "

Cependant, sur les représentations de ses amis, il consentit à une amende très-modique, & il leur défendit expressément de contribuer entr'eux à une plus forte somme.

Les Juges allerent aux avis sur la punition qu'ils lui infligeroient; & la méchanceté de ses ennemis le fit condamner à la mort. " Vous avez bien précipi- " té votre jugement, ô Athéniens, dit Socrate; & " vous donnez par-là occasion aux calomniateurs de " vous reprocher d'avoir fait mourir le Sage Socra- " te. Car ils m'appelleront Sage, quoique je ne le " sois pas, pour pouvoir vous blâmer davantage. " Vous n'aviez à attendre que peu de temps, & je " serois mort sans que vous vous en fussiez mêlés. " Vous voyez combien je suis près du tombeau (b).

---

(a) *Prytanée*. Le *Prytanée* étoit un bâtiment magnifique où s'assembloit le Conseil des *Prytanes*, & dans lequel on entretenoit, aux dépens publics, ceux qui avoient rendu à l'Etat des services importants.

(b) Il avoit alors soixante & dix ans.

„ par mes fupplications, je cherchois à vous rendre
„ parjures, ce feroit une preuve évidente que je ne
„ reconnois point de Dieux; & cette défenfe même
„ me convaincroit d'Athéifme (a): mais non! je fuis
„ perfuadé plus que tous mes accufateurs de l'exi-
„ ftence de Dieu (b), & je me réfigne au Dieu fu-
„ prême & à vous, afin que vous jugiez felon la
„ vérité, & que vous décerniez à mon égard ce
„ que vous croyez le meilleur pour vous & pour
„ moi. ”

Les Juges furent très-mécontents de cette inébranlable fermeté, & ils interrompirent Platon qui
étoit monté après lui dans la tribune, & qui com-
mençoit à parler. „ Quoique je fois le plus jeune
„ (c'eft ainfi que débuta Platon,) de ceux qui vien-
„ nent de monter ici ” — Defcends, lui crierent-
ils; & ils ne lui permirent point de continuer. Socrate, à la pluralité de trente-trois voix, fut déclaré
coupable.

Il étoit d'ufage à Athenes, que les condamnés
s'impofaffent eux-mêmes une certaine punition, comme une amende, la prifon, ou l'exil, pour confir-

---

(a) D'Athéifme. Cette réflexion de Socrate eft conforme à fa
Doctrine; il fait entendre que quiconque fait une injuftice, prouve
par fon action qu'il ne croit point un Dieu. En effet, fi l'on avoit
toujours préfente à l'efprit l'exiftence de Dieu, on éviteroit certainement de commettre une action qui infailliblement ne peut pas
lui être agréable.

(b) De l'exiftence de Dieu. Dans cet endroit, où Socrate fait une
confeffion particuliere de foi, il fe fert du nombre fingulier Dieu,
& non pas Dieux.

mer par-là l'équité de la fentence, où plutôt pour faire un aveu de leurs crimes. On dit à Socrate de choifir ; mais il ne crut pas devoir être affez injufte envers lui-même pour s'avouer coupable, & il dit : „ Si vous voulez que je dife franchement ce que je „ crois avoir mérité, fachez, ô Athéniens ! que je „ crois être en droit d'attendre de la République par „ les fervices que je lui ai rendus, d'être entretenu „ aux dépens du public dans le Prytanée (a). "

Cependant, fur les repréfentations de fes amis, il confentit à une amende très-modique, & il leur dé-fendit expreffément de contribuer entr'eux à une plus forte fomme.

Les Juges allerent aux avis fur la punition qu'ils lui infligeroient ; & la méchanceté de fes ennemis le fit condamner à la mort. „ Vous avez bien précipi-„ té votre jugement, ô Athéniens, dit Socrate ; & „ vous donnez par-là occafion aux calomniateurs de „ vous reprocher d'avoir fait mourir le Sage Socra-„ te. Car ils m'appelleront Sage, quoique je ne le „ fois pas, pour pouvoir vous blâmer davantage. „ Vous n'aviez à attendre que peu de temps, & je „ ferois mort fans que vous vous en fuffiez mêlés. „ Vous voyez combien je fuis près du tombeau (b).

---

(a) *Prytanée.* Le *Prytanée* étoit un bâtiment magnifique où s'affembloit le Confeil des *Prytanes*, & dans lequel on entretenoit aux dépens publics, ceux qui avoient rendu à l'État des fervices importants.

(b) Il avoit alors foixante & dix ans.

„ C'eſt à vous, qui m'avez condamné à mourir,
„ que cela s'adreſſe. Croyez-vous peut-être, Athé-
„ niens! que je n'aurois pas trouvé des expreſſions
„ propres à vous gagner & à vous perſuader de mon
„ innocence, ſi j'avois cru qu'on dût tout faire &
„ tout dire pour obtenir une ſentence favorable?
„ Non aſſurément! ſi je ſuccombe, ce n'eſt pas que
„ je n'euſſe pu employer les reſſources de l'éloquen-
„ ce pour me juſtifier à vos yeux, mais c'eſt parce
„ que je n'ai ni aſſez de baſſeſſe ni aſſez d'impudence
„ pour vous dire des choſes qui flatteroient vos
„ oreilles, mais qu'un homme honnête ne peut pro-
„ noncer ſans rougir. Faire l'hypocrite, fondre en
„ larmes, & d'autres moyens rampants de toucher
„ ſes juges, ſont abſolument indignes de moi. Dès
„ le commencement, j'avois réſolu de perdre la vie
„ plutôt que de la ſauver d'une maniere ignoble.
„ Car je penſe qu'en juſtice comme en guerre, on
„ n'eſt pas autoriſé à tout faire pour éviter la mort.
„ Combien de fois un homme n'a-t-il pas occaſion
„ dans un combat de ſauver ſa vie, s'il veut mettre
„ bas les armes & demander grace à celui qui le
„ pourſuit? Il y a auſſi dans la vie humaine nombre
„ de circonſtances où l'on pourroit éviter la mort, ſi
„ l'impudence, l'effronterie & la baſſeſſe ne nous
„ coûtent rien. Le plus difficile, ô Athéniens! n'eſt
„ pas de ſe ſouſtraire à la mort, mais d'échapper
„ à l'infamie (a). Car elle eſt plus prompte que

---

(a) *A l'Infamie.* Ces alluſions métaphoriques donnent de l'é-
nergie & de l'ame aux ouvrages de Platon. Il n'y a preſque point

C 4

,, la mort. Je ne me plaindrai donc pas de fubir
,, la mort à laquelle vous me condamnez, tandis
,, que le partage de mes accufateurs va être l'infa-
,, mie à laquelle les condamnent la vérité & la ju-
,, ftice. Je fuis content de l'arrêt, & ils le font
,, fans doute auffi. Les chofes vont donc précifé-
,, ment comme elles devoient aller ; & en mon par-
,, ticulier, je trouve les voies du deftin juftes &
,, adorables ''.

Après avoir dit librement, mais fans fiel, quelques
vérités aux juges qui l'avoient condamné, il fe tour-
na vers ceux qui avoient voté pour l'abfoudre ; il
les entretint fur les objets les plus importants de la
vie, & leur expliqua, conformément aux idées vul-
gaires, le bonheur deftiné aux hommes vertueux
dans un état futur : mais quand il fut feul avec fes
difciples & fes intimes amis, il s'expliqua fur ce
même fujet avec plus de folidité.

Il finit fon difcours en difant aux Juges : ,, C'eft
,, pour ces raifons que vous devez bien efpérer de

---

de dialogue où la *Profopopée*, cette belle figure de poëfie, ne foit
mife en ufage. En repréfentant les affections & les modes de l'a-
me, elle nous en met fous les yeux de véritables images, & elle
fert à convaincre votre raifon par le canal des fens : c'eft ce
qu'*Horace*, dans une autre occafion, appelle *Oculis fubjecta fideli-*
*bus.* Les Auteurs facrés aimoient cette figure ; &, pour en copier
les termes ingénieux, ils ont repréfenté la *Juftice* & le *Jugement*
comme fervant de fupport au Trône du *Très-Haut*, la *Miféricor-*
*de* & la *Vérité* marchant devant lui ; ils ont peint la *Paix* comme
fortant du fein de la terre, & la *Charité* jettant du haut des cieux
fes regards fur les hommes. Voyez *Hutchefon*, dans fes Recherches fur l'origine de nos idées fur la beauté & la bonté.

„ la mort, & que vous devez être pénétrés de
„ cette vérité, qu'il ne peut arriver aucun mal au
„ Jufte dans cette vie ni dans l'autre, parce que
„ les Dieux ont les yeux continuellement ouverts
„ fur les bonnes actions. Ce qui m'eft arrivé,
„ n'eft point non plus l'effet du hafard ; je fuis donc
„ intimément perfuadé qu'il m'eft plus avantageux
„ de mourir & de toucher au moment qui va me
„ délivrer de toutes mes peines. C'eft pour cette
„ raifon que ce mouvement divin & intérieur qui
„ dirige toutes mes actions, ne m'a point empêché
„ d'agir conformément à mon intention : auffi ne
„ veux-je aucun mal à ceux qui m'ont accufé, ou
„ qui m'ont condamné, quoiqu'ils n'aient point eu
„ cet objet en vue, mais une envie préméditée de
„ me nuire, qui me donneroit, avec raifon, fujet
„ de me plaindre d'eux". S'adreffant enfuite à tous
les Sénateurs : „ Je n'ai plus, leur dit-il, qu'une
„ grace à vous demander : fi mes enfants, en crois-
„ fant en âge, vous font autant à charge que je
„ vous l'ai été, de leur faire fouffrir la même peine ;
„ & s'il leur arrive de préférer les richeffes, ou telle
„ autre chofe que ce puiffe être, à la vertu, &
„ qu'ils aient la vanité de fe croire des perfonnes de
„ confidération, lorfqu'ils ne font rien, de les re-
„ prendre, comme je l'ai fait à votre égard, de ce
„ qu'ils négligent ce qui doit être l'objet de toute
„ leur attention, & de ce qu'ils fe prennent eux-mê-
„ mes pour ce qu'ils ne font point. Si vous daignez
„ m'accorder cette priere, nous recevrons de vous,

» mes enfants & moi, ce que nous méritons ; mais
» il eſt temps de nous retirer, vous pour vivre, &
» moi pour mourir. Dieu feul fait lequel des deux
» partis eſt le meilleur."

On voit ici Socrate envifager la mort, non pas
avec la terreur que doit infpirer l'approche d'un tyran qui lui préparoit les tourments les plus cruels,
mais avec la fatisfaction que peut procurer la vue
d'un guide qui devoit le conduire au féjour d'un
bonheur inaltérable, fans murmurer, & fans que la
corruption d'un petit nombre de particuliers le fît
déclamer contre les hommes en général ; mais fe
foumettant tranquillement à ce trait d'injuſtice, plutôt que de contribuer au renverfement des loix de fa
Patrie, qui, quoiqu'alors mal appliquées, doivent
être, lorfque l'équité préfide à leur exécution, regardées, felon lui, comme dépendantes de celles qui
ont été primitivement établies par le Juge infaillible
de la terre.

On le mena à la prifon qui, comme dit Séneque (*), perdit toute fon ignominie par la préfence
de ce Sage. En chemin il fut rencontré par quelques-uns de fes difciples, qui étoient inconfolables
de ce qui venoit de lui arriver. » Pourquoi pleu-
» rez-vous ? leur demanda Socrate. La nature, dès
» ma naiſſance, ne m'a-t-elle pas condamné à mourir ?
» Si la mort m'avoit arraché à un vrai & folide bon-

---

(*) Comme dit Séneque. ,, Carcerem intravit ignominiam ipſ
,, loco detracturus. ,, Sen. de Conf.

„ heur, mes amis & moi aurions sujet de plaindre
„ mon sort; mais puisque je ne laisse ici bas que
„ peines & misere, mes amis me semblent être dans
„ le cas de me féliciter sur mon voyage".

Apollodore, qu'on nous peint comme un fort bon
homme, mais comme un esprit un peu foible, se
désoloit, surtout de ce que son maître & son ami
devoit mourir innocent. „ Mon cher Apollodore,
„ lui dit Socrate en souriant & en lui serrant la main,
„ aimerois-tu mieux que je mourusse coupable ?"

Nous rapporterons dans les Entretiens suivants, ce
qui s'est passé dans la prison & dans les dernieres
heures de ce Sage, & nous terminerons le récit de
sa vie par une conversation que Socrate eut avec
Criton, & dont Platon a fait un Entretien particulier.

Quelques jours avant le supplice de Socrate, Criton vint le voir de très-grand matin, & le trouvant
enseveli dans un doux sommeil, il s'assit à côté de
son lit sans faire de bruit, pour ne point troubler son
repos. Socrate s'étant éveillé, lui demanda: „ Pour-
„ quoi donc si matin aujourd'hui, cher Criton ?"
Celui-ci lui répondit „ qu'il étoit informé que sa sen-
„ tence de mort devoit être mise en exécution le
„ lendemain. Si c'est la volonté de Dieu, répondit
„ Socrate avec sa tranquillité ordinaire, à la bonne
„ heure. Cependant je ne pense pas que ce doive
„ être demain. Je viens de faire un rêve agréable (*).

_____

(*) *Un rêve agréable.* On ne sauroit supposer que Socrate eût
effectivement fait ce rêve ; ce n'étoit qu'une fiction ingénieuse

„ Une femme d'une rare beauté, vêtue d'une longue
„ robe blanche, m'eſt apparue, m'a appellé par mon
„ nom, & m'a dit: Dans trois jours tu arriveras dans
„ ta fertile Phthie": alluſion par laquelle il fit connoître qu'il ſoupiroit après l'autre vie, comme, dans
Homere, Achille courroucé deſira quitter le camp
des Grecs & revoir Phthie ſa patrie. Mais Criton
découvrit à ſon ami qu'il avoit gagné les gardes &
pris toutes les meſures néceſſaires pour le faire éva-
der de ſa priſon pendant la nuit, & qu'il dépendoit
de lui de ſe ſouſtraire à une mort ignominieuſe. Criton s'efforça même de lui perſuader par les repré-
ſentations les plus importantes, qu'il étoit de ſon
devoir de ſe ſauver. Connoiſſant ſa tendreſſe pour ſa
patrie, il lui dit qu'il étoit obligé d'empêcher les
Athéniens de verſer un ſang innocent, ajoutant qu'il
ne le devoit pas moins par conſidération pour ſes
amis, qui ſeroient expoſés au reproche honteux d'a-
voir négligé ſa délivrance. Pour concluſion, il lui
fit un tableau touchant du malheur de ſes enfants dé-
laiſſés, & qui ſeroient privés de l'inſtruction, de l'exemple & de la protection d'un pere.

Socrate répondit: „ mon cher Criton! tes ſoins
„ officieux ſont louables. Je les accepte avec re-
„ connoiſſance, s'ils s'accordent avec la ſaine rai-
„ ſon; mais s'ils lui ſont contraires, tu conviendras

_____

dont il ſe ſervoit pour donner quelque relâche à la douleur de
Criton; & l'on peut voir par la ſuite du Dialogue, (Voyez *Plat.*
Crit.) qu'on n'y donnoit pas un autre ſens, quoique cela n'y ſoit
pas poſitivement expliqué.

» que je dois m'y refufer. Nous devrions donc
» examiner d'abord, fi ta propofition eft jufte &
» conforme à la raifon. J'ai toujours eu coutume
» de ne me laiffer engager à rien qu'à ce qu'après
» une mûre réflexion j'ai trouvé le meilleur (*),
» & je n'ai point de raifon de m'écarter de mes
» anciennes maximes, puifque dans la fituation même
» où tu me vois, elles me paroiffent toujours fous
» le même jour: je dois, au contraire, y être enco-
» re plus fortement attaché."

Après avoir réfuté fes faux motifs, & lui avoir
montré ce qu'un homme doit aux loix & à la patrie, il continua ainfi:

» Nous ne devons jamais, tu en conviendras toi-
» même, commettre une injuftice à l'égard de qui
» que ce foit, quelque mal que nous en ayions re-
» çu (†). Si je fors d'ici fans le confentement de
» la République, ne ferai-je pas tort à quelques
» citoyens, & peut-être à ceux qui ne le méritent
» point? Suppofons qu'étant fur le point de m'é-
» vader, la République & les Loix fe préfentent

---

(*) *Le meilleur.* Il fit dans une autre occafion la même réponfe à *Hermogene,* en lui difant: qu'*il avoit employé fa vie à confidérer ce qui etoit jufte & injufte,* & qu'*il avoit réglé toutes fes
actions fur ce principe, en s'attachant à l'un & en évitant l'autre.*
Xen. Mem. lib. 4.

(†) *Quelque mal que nous en ayions reçu.* Il obferva inviola-
blement cette regle, tant en public qu'en particulier, il ne rendi
jamais le mal pour le mal, lors même qu'il auroit pu le faire ave
juftice; mais il s'efforça par toutes fortes de moyens louables de
gagner l'amitié de tous les hommes. Il le dit expreffément, *Xen. l. c.*

„ devant moi, & me difent: *Parle, Socrate, que te*
„ *propofes-tu de faire?* ne fonges-tu pas que par ton éva-
„ *fion tu prépares la ruine des Loix & de l'Etat*, au-
„ tant qu'il eſt en toi? *ou bien crois-tu qu'un Etat,*
„ *où les arrêts des tribunaux font fans force & peu-*
„ *vent être éludés de chaque particulier, puiſſe avoir de*
„ *la confiſtance & ne doive pas néceſſairement être ren-*
„ *verſé?* Que pourrions-nous répondre, mon ami?
„ Dirons-nous qu'on m'a fait une injuſtice, & que
„ je ne mérite pas la ſentence portée contre moi? —
„ Par Jupiter, c'eſt la vérité! — Mais ſi les Loix
„ répliquoient: *Quoi, Socrate, ne t'es-tu pas engagé*
„ *envers nous à fouſcrire à tous les arrêts juridiques*
„ *que rendroit la République?* Je paroîtrois interdit à
„ cette queſtion, mais elles pourſuivroient: *Que*
„ *cela ne te déconcerte pas, Socrate, répons feulement.*
„ *Dis ce qui t'offenſe en nous, pour vouloir nous ruiner?*
„ *Seroit-ce, par exemple, les loix touchant le mariage,*
„ *en vertu deſquelles tu as reçu le jour de l'union de ton*
„ *pere & de ta mere? eſt-ce ce qui t'y déplaît?* Nulle-
„ ment! répondrois-je. *Trouverois-tu peut-être à re-*
„ *dire à notre maniere d'élever & d'inſtruire les enfants?*
„ *l'arrangement que nous avons fait à cet égard, & qui*
„ *a mis ton pere dans le cas de te faire apprendre la mu-*
„ *fique & la gymnaſtique, n'eſt-il pas louable?* Je ſerois
„ forcé de l'avouer. *Tu conviens donc que tu nous dois*
„ *ta naiſſance, ton éducation & ton inſtruction. Nous*
„ *pouvons donc, ainſi que chacun de tes ancêtres, te re-*
„ *garder comme notre fils & notre éleve. Mais cela*
„ *étant, nous te demandons, ſi tu crois avoir un droit*

» égal au nôtre, si tu crois pouvoir en toute occasion user de
» représailles à notre égard ? Tu ne t'arroges pas sans
» doute le même droit que ton pere, le même droit que
» ton maître ? Tu n'imagines pas sans doute que tu sois
» en droit de leur faire éprouver tout ce que tu souffres
» de leur part, de t'échapper en paroles ou en actions au
» cas qu'ils te maltraitent ? Et tu prétends avoir ce droit
» contre la République & les Loix ? Dès que nous avons
» arrêté quelque chose contre toi, tu te crois autorisé à
» te soulever contre nous ? à préparer, autant qu'il est
» en ton pouvoir, la ruine des loix & de l'Etat ? Et tu
» penses agir en homme de bien ? Quelle est donc ta sa-
» gesse, si tu n'apperçois seulement pas que pere, mere &
» ancêtres ne sont pas, aux yeux des Dieux, ainsi
» qu'aux yeux de tous les hommes sensés, à beaucoup près
» aussi respectables, aussi estimables, aussi sacrés & en
» aussi grande considération que la patrie ? Pense, So-
» crate, si tu n'es pas injuste envers nous. Nous t'avons
» procréé, élevé, instruit ; nous t'avons fait participer,
» autant qu'il étoit en nous, à tous les bienfaits que peut
» procurer la vie sociale ; nous t'avons même permis,
» comme à chacun de ceux qui se sont établis à Athe-
» nes, au cas qu'après un mûr examen notre admini-
» stration politique ne te convînt pas, de te retirer & de
» t'établir où tu le jugerois plus avantageux. Les por-
» tes d'Athenes sont ouvertes à quiconque ne s'y plaît
» pas. Mais y rester avec une parfaite connoissance de
» notre légistation, c'est consentir tacitement à se soumet-
» tre à tout ce que nous pourrons lui ordonner ; & s'il
» désobéit, il commet une triple injustice. Il désobéit à

„ *ses pere & mere, il manque a ses instituteurs, & il en-*
„ *freint le paûe qu'il a fait avec nous.* Mon cher Cri-
„ ton, je crois entendre ces discours, comme les
„ Corybantes (*) le son des flûtes, & la voix re-
„ tentit si fort à mes oreilles, qu'elle ne me per-
„ met pas d'entendre autre chose."

Criton sortit convaincu, mais désolé de ce que
la raison & la vertu désapprouvoient son dessein.

---

(*) *Les Corybantes.* Les *Corybantes* étoient des Prêtres de *Cy-*
*bele* , qui dès qu'ils entendoient le son des *Flûtes sacrées*, dont on
se servoit dans leurs cérémonies réligieuses, entroient dans un
enthousiasme semblable à un accès de folie. On appelloit de-là *Co-*
*rybantes*, ceux qui étoient saisis d'un transport violent à l'occasion
de quelque chose ; & Socrate s'applique cette expression relative-
ment à la raison & à la justice. Ces Prêtres tiroient leur nom (comme le remarque *Diodore de Sicile*) de *Corybant*, qui le premier in-
stitua dans la *Phrygie*, le culte de la Mere des Dieux. On peut
voir l'explication de cette pieuse phrénésie des Corybantes, dans
*Maxim. Tyr.* Diff. XXII.

# PHÉDON.

# PHÉDON,

## OU

## ENTRETIENS

### SUR

## L'IMMORTALITÉ DE L'AME.

---

## PREMIER ENTRETIEN.

ECHÉCRATE, PHÉDON, APOLLODORE, SOCRATE, CÉBES, CRITON, SIMMIAS.

#### ECHÉCRATE.

ÉTOIS-TU préfent à la mort de Socrate, mon cher Phédon ?

#### PHÉDON.

J'y étois préfent.

#### ECHÉCRATE.

Tu pourras donc nous apprendre, comment eft mort ce Sage & quelles ont été fes dernieres paroles. Nos Phliafiens vont rarement à Athenes, & depuis long-temps il n'en eft venu perfonne qui ait pu nous donner des nouvelles de cet événement.

#### PHÉDON.

Quoi ! vous n'avez rien fçu de fa condamnation ?

D 2

### ECHÉCRATE.

Fort peu de chofe. Ce qui nous a furpris, c'eft le temps qui s'eft écoulé depuis fa condamnation jufqu'à fa mort. Quel en a été le motif?

### PHÉDON.

Un pur hafard. La veille de fa condamnation les Athéniens couronnoient le vaiffeau qu'ils envoient tous les ans à Délos.

### ECHÉCRATE.

Et quel eft ce vaiffeau?

### PHÉDON.

Ce Vaiffeau, fi on en croit les Athéniens, eft celui fur lequel Théfée conduifit autrefois en Crête les fept couples d'enfants à qui il fauva la vie en exterminant le Minotaure. A leur départ Athenes avoit fait vœu d'envoyer tous les ans à Apollon de magnifiques préfents, s'il daignoit protéger ces jeunes gens; & depuis on n'a pas encore manqué de parole au Dieu.

Lorfque le vaiffeau eft prêt à partir, le prêtre d'Apollon en pare la poupe de guirlandes de fleurs, & auffitôt commence la fête de la *Théorie*. Elle dure depuis le départ du vaiffeau pour Délos jufqu'à fon retour. Pendant cet intervalle il ne fe fait dans la ville aucune effufion de fang; la loi défend d'exécuter les criminels, qui, fi le vaiffeau eft retenu par des vents contraires, peuvent jouir d'un long délai. Et cette fête fit différer la mort de Socrate.

### ECHÉCRATE.

Et permit-on à fes amis de l'affifter dans fes derniers moments?

### PHÉDON.

Il n'étoit point défendu de le voir, & il lui étoit libre de s'entretenir avec ses amis.

### ECHÉCRATE.

Tu nous obligeras, mon cher Phédon, de nous faire part des intéressants détails de ses dernieres heures.

### PHÉDON.

J'étois du nombre de ceux qui se trouvoient près de lui dans cet instant funeste. Ah, mon ami! cette scene est encore présente à mon esprit. Je ne sentois pas cette pitié, ce serrement de cœur qu'on éprouve d'ordinaire, lorsqu'un ami meurt dans nos bras. Socrate, buvant la ciguë, sembloit être heureux, & même digne d'envie. La sérénité brilloit sur son visage, & ses discours modérés annonçoient le calme & la paix de son cœur. Sa conduite n'avoit rien de celle d'un homme qui, avant le temps prescrit, descend chez les ombres de l'Orcus; mais c'étoit celle d'un immortel qui va joüir d'un bonheur inaltérable dans le sein de l'éternité. Il n'étoit donc pas possible que je fusse affecté de ces sensations pénibles dont l'aspect d'un mourant a coutume de blesser notre ame; mais ses entretiens qui nous causoient autrefois une joie si pure, sembloient ne nous offrir qu'un mêlange inexprimable de satisfaction & d'amertume. Le sentiment douloureux de sa perte troubloit le plaisir que nous avions à l'entendre. Tous ceux qui l'environnoient paroissoient flotter dans cette alternative de plaisirs & de peines; &

ces affections contraires qui partageoient nos ames,
fe manifeftoient vifiblement fur nos vifages. On nous
voyoit fucceffivement rire & pleurer ; & fouvent
même le fourire bordoit nos levres à l'inftant que
des larmes ameres couloient de nos yeux. Mais c'é-
toit fur-tout une chofe rare de voir Apollodore. Tu
le connois & tu fais combien il eft fenfible.

ECHÉCRATE.

Comment ne le connoîtrois-je pas?

PHÉDON.

Il étoit extrême dans tous fes mouvements. Comme il fentoit beaucoup plus vivement que nous, il
étoit tranfporté de joie, lorfque nous ne faifions que
fourire; & quand nos yeux fembloient être humec-
tés de rofée, il nageoit dans les pleurs. Nous
étions plus touchés de le voir, que de l'afpeft de
notre ami mourant.

ECHÉCRATE.

Et quel étoit le fujet de vos entretiens?

PHÉDON.

Tu fauras tout. Lorfque nous apprîmes le retour
du vaiffeau facré, nous réfolûmes de nous rendre auprès de Socrate, pour la derniere fois, d'auffi bonne
heure qu'il feroit poffible. Nous y arrivâmes au moment que les Onze venoient de lui ôter fes chaînes,
& de lui annoncer qu'il devoit mourir dans le jour.
Socrate étoit couché fur fon lit. Xantippe, fon
époufe, étoit affife à côté de lui & tenoit fon fils
fur fes genoux. Dès qu'elle nous apperçut, elle
s'écria toute en pleurs: Ah, Socrate! tes amis

viennent te voir aujourd'hui pour la derniere fois, &
toi tu ne les verras plus! Socrate fe tournant du côté de Criton, le pria de faire reconduire fa femme.
Les gens de Criton l'emmenerent. En fortant, elle
fe frappoit la poitrine & pouffoit des cris perçants.

Socrate s'affit fur fon lit, & fe frottant doucement
la jambe qui avoit été à la chaîne, il nous dit: O,
mes amis! j'admire ce que d'ordinaire on appelle
plaifir. Il femble au premier coup-d'œil que c'eft
l'oppofé de la douleur; cependant il n'eft pas poffible de parvenir à l'une de ces fenfations, fans
éprouver l'autre. On croiroit qu'elles font, pour
ainfi dire, attachées l'une à l'autre par les deux
bouts. Si Efope eût fait cette obfervation, il nous
auroit fait cette fable.

„ Les Dieux voulurent unir enfemble les fenfa-
„ tions contraires; mais ne trouvant pas la chofe
„ poffible, ils les lierent enfemble par les deux
„ bouts. Et depuis elles ont été inféparables."

C'eft ce que j'éprouve dans ce moment. Les fers
m'avoient caufé des douleurs; & maintenant qu'elles
font paffées, la fenfation agréable leur fuccede.

Je fuis curieux, mon cher Socrate, dit Cébès en
prenant la parole, de favoir, à propos d'Efope, s'il
eft vrai que tu aies mis en vers quelques-unes de fes
fables, & compofé une hymne à l'honneur d'Apollon. Plufieurs perfonnes, & entre autres le poëte
Evene, me demandoient par quelle fingularité tu
t'appliquois à la poëfie, n'en ayant jamais fait. Que

dois-je leur répondre? Evene, je crois, ne manque-
ra pas de m'en parler encore.

Tu peux lui dire, reprit Socrate, que mon des-
fein n'a pas été de lui difputer le rang qu'il tient
parmi les poëtes; mais qu'en m'effayant fur la lire
d'Apollon, je n'ai eu en vue que de me conformer
aux avis que je reçus autrefois dans le fommeil.

Je n'ai jamais oublié qu'un fonge, fous mille formes variées, m'avoit fouvent répété cette exhorta-
tion: „ Socrate, applique-toi à la mufique". Je n'a-
vois regardé ce confeil que comme les encourage-
ments qu'on donne à ceux qui difputent le prix de la
courfe. Le fonge, me difois-je, ne prétend pas te
rien commander de nouveau: la philofophie eft fans
doute la mufique la plus excellente, & je l'ai toujours cultivée; il ne veut donc que m'enflammer de
plus en plus de l'amour de la fageffe. Dans le loifir
que m'a laiffé la fête de la Théorie, j'ai médité fur
ce fonge extraordinaire; & pour m'y conformer à la
lettre, j'ai d'abord fait une hymne en l'honneur du
Dieu dont on célébroit la fête. Mais j'ai penfé que
pour être poëte, il falloit traiter des fictions, &
qu'une hymne n'en contenoit pas. Je n'ai pas cette
imagination brillante, l'invention en fait d'images,
qui caractérife le poëte: je me fuis donc fervi des
fictions des autres, & j'ai mis en vers quelques fables d'Efope.

Voilà, mon cher Cébès, ce que tu pourras répondre à Evene. N'oublie pas auffi de le faluer de
ma part. S'il eft fage, il ne tardera pas à me fuivre.

Il y a apparence que je partirai aujourd'hui par ordre des Athéniens.

Et tu en fouhaites autant à Evene? lui dit Simmias. Je connois l'homme; & affurément je ne préfume pas qu'il t'ait obligation d'un pareil fouhait.

Comment, reprit Socrate, Evene n'eft-il pas philofophe?

„ Je le penfe ainfi."

Il me fuivra donc volontiers, lui & quiconque mérite ce nom. Je ne prétends point par-là qu'il doive attenter à fa vie; rien ne peut & ne doit être plus défendu.

Cela ne s'entend pas bien, reprit Cébès. S'il n'eft pas permis de fe donner la mort, comment un Sage peut-il te fuivre au tombeau?

Quoi! repartit Socrate, le philofophe Philolaus dont tu as été le difciple, ne t'en a-t-il jamais rien dit?

„ Jamais il ne s'eft expliqué fur ce fujet."

Eh bien, je veux vous faire part de ma maniere de penfer fur ce fujet. Il me femble que quelqu'un qui veut voyager, doit s'informer du pays où il fe propofe d'aller, afin de s'en former une jufte idée. Cet entretien eft donc convenable à ma fituation préfente. Et d'ailleurs, quel fujet plus important pourrions-nous traiter jufqu'au coucher du foleil?

Je regarde comme un principe inconteftable, que le fuicide eft abfolument défendu dans toutes les circonftances poffibles. Nous favons qu'il y a des hommes pour qui la vie eft un fardeau onéreux. On peut

trouver étrange que la fainteté des mœurs exige de
ces malheureux de ne pas s'affranchir des miferes de
la vie, par une mort volontaire, mais de l'attendre
d'une main bienfaifante ; cependant rien n'eft plus
conforme aux vues de l'Etre fuprême. Car qu'il foit
l'arbitre fouverain de notre deftinée, que nous fo-
yons immédiatement fous fa puiffance, & que fa
providence s'étende à tous nos befoins, c'eft ce
qu'il n'eft pas, je crois, néceffaire de prouver. Un
efclave qui eft à un bon maître, mérite d'être puni,
s'il s'oppofe à fes deffeins ; & fi cet efclave nourrit
dans fon fein la moindre étincelle de probité, il doit
voler au devant des defirs de fon maître, s'il eft
convaincu, fur-tout, que fon propre bien-être en
dépend. Quand l'Architecte incréé forma la mer-
veilleufe machine du corps humain pour y renfermer
un être raifonnable, avoit-il de bonnes ou de mauvaifes intentions ? Réponds-moi, Cébès.

„ On ne peut, fans doute, lui en prêter que de
bonnes."

Autrement ne faudroit-il pas qu'il renonçât à fa
propre effence, la bonté infinie, s'il pouvoit attacher de mauvaifes intentions aux actes de fa volonté ? Et qu'eft-ce qu'un Dieu qui peut renoncer à
fon effence, finon une pure chimere ? Ce même
Dieu qui a formé le corps, l'a auffi doué des forces
qui le foutiennent, le confervent & le garantiffent
d'une deftruction prématurée. Affignerons-nous auffi
à ces forces confervatrices des vues fages ?

„ Hé, comment croire le contraire ?".

C'eſt donc un devoir ſacré pour les créatures, de laiſſer parvenir à leur maturité les vues du Créateur, de ne pas les arrêter dans leur cours d'une maniere violente, mais de chercher plutôt à y conformer toutes nos actions.

Voilà pourquoi, mon cher Cébès, j'ai dit que la philoſophie étoit la muſique la plus excellente, puiſqu'elle nous apprend à diriger nos penſées & nos actions de maniere qu'elles s'accordent, autant qu'il eſt poſſible, avec les deſſeins du ſouverain Etre. Si la muſique eſt la ſcience de mettre de l'harmonie entre le foible & le fort, le rude & le doux, le gracieux & le déſagréable, il ne peut y avoir de muſique plus merveilleuſe que la philoſophie, elle qui ne nous enſeigne pas ſeulement à établir une harmonie admirable entre nos penſées & nos actions, mais encore entre les actions du fini & les vues de l'infini, entre les penſées de l'habitant de la terre & les idées ſublimes de celui qui remplit ce vaſte Univers. O Cébès! & le mortel oſeroit détruire d'une main téméraire cette raviſſante harmonie?

„ Il mériteroit l'exécration des Dieux & des hommes, mon cher Socrate!"

Ne m'avoueras-tu pas encore, mon ami, que les forces de la nature ſont les miniſtres de la Divinité, & qu'elles ne font qu'exécuter ſes ordres?

„ Sans doute!"

Elles ſont donc des pronoſtics bien plus ſûrs de la volonté & des deſſeins de la Divinité, que les entrailles des victimes. Car le but où tendent les forces créées par l'Eternel, eft inconteftablement un décret divin. N'en convenez-vous pas?

„ Qui le peut nier ?"

Nous fommes donc obligés de régler nos actions fur ces interprêtes non équivoques de la volonté de Dieu; & nous n'avons aucun droit d'oppofer la force aux forces confervatrices de la nature, ni de troubler les miniftres de la fuprême Sageffe, dans l'exercice de leurs fonctions. Ce devoir fubfifte jufqu'à ce que Dieu, par ces mêmes interpretes, nous envoie un ordre exprès de quitter la vie, tel que celui que j'ai reçu de la part des Magiftrats d'Athenes.

Rien n'eft mieux prouvé, dit Cébès. Mais cette même affertion, mon cher Socrate, femble contredire ce que tu as d'abord avancé, que le Sage doit fe hâter de mourir. Cette propofition eft alors abfurde, s'il eft vrai, comme tu le foutiens, que nous fommes immédiatement fous la puiffance de Dieu, & que fa providence s'étend à tous nos befoins. N'eft-il pas naturel qu'un homme raifonnable s'afflige de quitter le fervice d'un maître qui prenoit foin de lui avec tant de bonté? Le pupille ignorant peut-il fe flatter d'être mieux fous fa propre conduite que fous celle du plus fage tuteur? Je croirois au contraire que c'eft une grande inconféquence, de vouloir abfolument fe mettre en liberté & de ne pouvoir pas même fouffrir le meilleur maître. Quiconque raifonne, fe foumettra toujours avec plaifir à celui à qui il fuppofe de plus grandes lumieres qu'il n'en a lui-même. Je tirerois donc une cónféquence

tout oppofée à ton fentiment. Le Sage, dirois-je,
doit s'affliger de mourir, & il n'y a qu'un fou qui
puiffe fe réjouir des approches de la mort.

Socrate l'écouta attentivement, & parut admirer
fa pénétration. Se tournant enfuite vers nous, il
dit: Celui qui voudra convaincre Cébès, doit être
ferme fur fes principes, autrement il courroit rifque de ne pas réfoudre fes doutes.

Ah! pour cette fois, dit Simmias, je me range
du parti de Cébès. En effet, quel motif peut porter un Sage à fe fouftraire, fans un vif chagrin, aux
foins indulgents de l'Auteur de la nature? & fi je ne
me trompe pas, mon cher Socrate, l'objection de
Cébès eft la cenfure de ta propre conduite. Elle eft
auffi réellement blâmable. Ton indifférence pour la
vie, ou plutôt ton dévouement volontaire à la mort,
en plongeant tes amis dans une profonde douleur,
femble encore braver le Créateur que tu nous a appris à révérer comme le plus fage & le meilleur des
maîtres.

Je vois qu'on m'accufe, dit Socrate: il faut donc
que je me défende.

Voyons, dit Simmias.

Eh bien, je vais tâcher de faire, dans cet inftant,
un peu mieux mon apologie que je ne l'ai faite devant mes juges. Ecoutez, Simmias & Cébès!

Si je n'avois pas des efpérances bien fondées de
paffer de ce monde dans le fein de la fuprême Sageffe, & d'y trouver les ames des morts, dont la fociété eft infiniment préférable à la plus douce amitié

dont on jouit fur la terre, ce feroit fans doute une folie de méprifer ainfi la vie, & de me jetter fans regret dans les bras de la mort. Mais j'emporte avec moi les plus confolantes efpérances! Je n'affirmerois pas pofitivement que je duffe retrouver les ames des morts, mais je fuis convaincu que je vais me voir intimement uni avec Dieu, & que fa divine providence continuera de veiller fur mon être. Tout ne finit pas pour nous avec la mort. Il fuit une autre vie qui, fuivant l'ancienne tradition, fera beaucoup plus heureufe pour les hommes vertueux que pour les méchants.

„ S'il eft vrai, Socrate, que tu fois pleinement convaincu d'une doctrine fi falutaire, il eft jufte, avant de mourir, de faire partager à tes amis cette affurance falutaire. Si tu parviens à nous en convaincre, ton apologie eft faite."

Vous voulez connoître les fondements de mon opinion ; je vais tâcher de vous les expliquer, & de vous faire avouer qu'un homme qui a blanchi dans l'amour de la fageffe, doit voir d'un œil ferein arriver fes dernieres heures.

Il eft peut-être peu de perfonnes qui fachent que ceux qui s'adonnent véritablement à l'amour de la fageffe, emploient prefque tout le temps de leur vie à fe familiarifer avec la mort, à apprendre à mourir. Si cela eft, ne feroit-ce pas une inconféquence de diriger, pendant toute fa vie, fes efforts vers un même but, & cependant de s'affliger d'atteindre ce but fi defiré ?

Par Jupiter! dit Simmias en l'interrompant; les Athéniens, d'après cet expofé, ne pourroient-ils pas te dire qu'ils favent fort bien que les philofophes veulent apprendre à mourir, & qu'ils ne leur procurent la mort que comme une récompenfe conforme à leurs vertus?

Ah! Simmias, qu'ils favent peu ce que c'eft que cette mort que defirent les philofophes! Mais laiffons-là les Athéniens; c'eft à mes amis que je parle dans ce moment. La mort n'eft-elle pas quelque chofe qu'on puiffe définir?

C'eft ce que nous croyons, dit Simmias.

Mais eft-elle autre chofe que la féparation de l'ame & du corps? Ne dit-on pas que l'homme meurt, lorfque l'ame & le corps ceffent d'avoir entr'eux aucune communication? Eft-il une autre maniere d'expliquer ce que c'eft que mourir?

„ Non pas, que je fache."

Vois, Simmias, fi tes idées, fur ce point, s'accordent avec les miennes. Penfes-tu que celui qui eft véritablement amateur de la fageffe fe livre aux voluptés fenfuelles & recherche, dans les repas, les mets & les vins exquis?

„ Non affurément!"

Se livrera-t-il tout entier aux plaifirs de l'amour?

„ Encore moins!"

Et à l'égard des autres commodités de la vie, dans fes habits, par exemple, & dans fes ameublements, étalera-t-il la magnificence d'un luxe pompeux ? · ou fe contentera-t il du néceffaire ; fans fe foucier du fuperflu ?

Je penfe, répondit Simmias, que le Sage s'embar-raffera peu de toutes les chofes dont on peut fe paffer.

Ne dirons-nous pas qu'il cherche généralement à fe débarraffer de tous les foins fuperflus qu'on prend du corps, pour foigner l'ame avec plus d'attention ?

„ Sans doute !"

Il fe diftingue donc déja du refte des hommes en ce qu'il tient fon efprit toujours libre, qu'il ne le laiffe pas enchaîner par les affaires, & qu'il accoutu-mé infenfiblement fon ame à n'avoir plus de com-merce avec le corps ?

„ Cela eft exactement vrai !"

Le grand nombre des hommes, Simmias, te dira que quiconque ne veut pas jouir des agréments de la vie, ne mérite pas de vivre. Renoncer aux plaifirs fenfuels, c'eft, felon eux, defirer la mort.

„ C'eft ainfi que penfent la plupart des hommes !"

On fait affez combien le corps peut troubler l'ame dans fes méditations. Le philofophe peut-il donc fe promettre quelques fuccès dans l'étude de la fageffe, s'il n'a pas appris à s'élever au-deffus des objets qui affectent les fens ? Je m'explique. Les impreffions, que font, fur nos fens, les objets extérieurs, ne font que des fenfations ifolées ; elles ne doivent pas encore être regardées comme des vérités : celles-ci ne font apperçues que par l'entendement. Cela fouffre-t-il quelque doute ?

„ Au-

Aucun!''

Il faut même être en garde contre ces senfations ifolées. C'eft avec raifon que les poëtes difent que les fens font trompeurs & ne comprennent rien diftinctement. Les organes de la vue & de l'ouïe font confus & obfcurs; or fi ces deux fens ne nous fourniffent point de notions diftinctes, il n'eft pas befoin de parler des autres, qui font beaucoup moins clairs. Comment l'ame doit-elle donc s'y prendre, pour parvenir à la vérité? Si elle s'en rapporte aux fens, elle eft trompée.

Cela eft vrai!''

Il eft donc néceffaire qu'elle réfléchiffe, juge, raifonne, invente: afin de pénétrer par ces moyens, autant qu'il eft poffible, dans l'effence des chofes. Mais quand eft-ce que la méditation réuffit le mieux? N'eft-ce pas dans un profond oubli des objets extérieurs? L'ame fe trouve alors comme dégagée de fon corps; elle quitte autant qu'elle peut fa fociété, afin de fe recueillir en elle-même & de confidérer, non les apparences fenfibles, mais les effences des chofes: non les impreffions des corps en elles-mêmes, mais ce qu'elles contiennent de vrai. Mais effayons de rendre la chofe encore plus claire. Dis-moi, Simmias, penfes-tu que la perfection ne foit qu'une pure idée que l'efprit ne peut attacher à aucun objet extérieur? ou plutôt, n'exifte-t-elle que dans l'efprit, fans avoir fon type dans la nature?

E

„ Non affurément.! La perfection eft un être
réel, exiftant hors de nous, fans bornes."

Et la bonté & la fageffe, font-elles auffi quelque
chofe de réel?

„ Oui, de par Jupiter! Ce font des propriétés inféparables de l'Etre le plus parfait qui, fans elles,
ne fauroit exifter."

Mais qui nous a appris à connoître cet. Etre?
Nous ne l'avons jamais vu des yeux de notre corps:
il n'a pas plus affecté nos autres fens. Les fens extérieurs ne nous donnent point les idées de fageffe,
de bonté, de perfection, de beauté, de faculté de
penfer, &c: cependant nous favons que ces chofes
exiftent hors de nous, & qu'elles exiftent au plus
haut degré. Quelqu'un peut-il nous expliquer comment nous fommes parvenus à ces idées?

„ Jupiter féul pourroit, je crois, nous l'apprendre."

Quoi, mes amis! fi nous entendions dans la falle
voifine une voix raviffante, ne ferions-nous pas em-
preffés de connoître le muficien qui fait ainfi char-
mer notre oreille?

Non pas, peut-être, dans ce moment, dit Simmias en fouriant.

Lorfque nous confidérons un tableau, continua
Socrate, nous voudrions connoître la main qui l'a
fait. Or il y a en nous-mêmes le plus excellent tableau que les yeux des Dieux & des hommes aient
jamais vu, l'image de la plus haute perfection: &

nous ne nous fommes jamais informés du peintre qui a deffiné cette image!

Cébès repondit : Je me fouviens d'avoir entendu Philolaüs donner une explication qui, peut-être, fatisfait à cette queftion.

Et Cébès ne voudroit-il pas, reprit Socrate, faire part à fes amis de cette fucceffion de l'heureux Philolaüs ?

» La voici. L'ame, difoit Philolaüs, n'a aucune des idées des chofes incorporelles par les objets extérieurs, mais par elle-même, en obfervant fes propres effets & en apprenant, par-là, à connoître fes propriétés & fon effence. Pour me faire mieux entendre, difoit-il, empruntons d'Homere les deux tonneaux qui font dans l'antichambre de Jupiter, mais demandons en même temps la permiffion de les remplir, non de profpérités & d'infortunes, mais l'un d'Effences & l'autre de Limitations. Toutes les fois que Jupiter veut, par fa puiffance infinie, produire un efprit, il jette un regard fur le deftin éternel, & d'après fon arrêt irrévocable il prépare un mélange d'effences & de limitations, qui contient la bafe de l'efprit futur. Et c'eft la raifon pourquoi il fe trouve, entre toutes les efpeces d'êtres fpirituels, une reffemblance furprenante, parce que toutes ces efpeces puifées dans les mêmes tonneaux ne different que par le mélange. Si notre ame, qui eft le réfultat d'un de ces mélanges, vient à s'obferver elle-même, alors elle acquiert les idées d'effence, de bornes, de faculté, d'impuiffance, de perfection, d'imperfection, d'entendement, de force, de deffein, de beauté, de fageffe, de juftice, & de mille autres chofes in-corporelles fur lefquelles les fens extérieurs la laif-feroient dans la plus profonde ignorance."

A merveille! reprit Socrate. Pouvois-tu bien, Cébès, te réfoudre à me laiffer mourir fans me faire part de ces précieufes connoiffances? Mais voyons quelles conféquences nous pourrions en tirer.

Philolaüs difoit donc que l'ame parvient à la con-noiffance des autres efprits de fon efpece, en fe confidérant elle-même; n'eft-ce pas?

„ Précifément!"

Et qu'elle fe forme des idées des chofes incorpo-relles, en développant fes propres facultés & en donnant à chacune de celles-ci un nom particulier pour les diftinguer plus clairement?

„ C'eft-là fa penfée."

Mais lorfqu'elle veut concevoir un être d'une claffe fupérieure, par exemple un Démon (a), qui lui en fournira l'idée?

Cébès garda le filence, & Socrate continua: Si j'ai bien faifi le fentiment de Philolaüs, l'ame à la vérité ne peut jamais fe former d'un être plus élevé qu'elle, ou même feulement d'une faculté fupérieu-re à celles qu'elle a elle-même, une idée totale de l'objet qu'elle veut connoître; mais elle peut très-

---

(a) Les Grecs appelloient *Démon* ce que nous appellons *Ange*, c'eft à-dire, tout efprit qui n'eft pas deftiné à habiter un corps auffi matériel que le nôtre. *Le Traducteur.*

bien comprendre en général la possibilité d'un être qui a en partage des qualités dont elle manque, c'est-à-dire d'un être plus parfait qu'elle. Philolaüs t'en a-t-il dit autre chose?

„ Non!"

Et ce n'est que cette notion imparfaite, cette lueur de représentation qu'elle a de l'Etre Suprême, de la perfection suprême. Elle n'en peut comprendre l'essence dans toute son étendue (u), mais

---

(a) Quelques philosophes prétendent nous humilier par la réflexion que nous ne savons pas ce qu'est Dieu en lui-même, mais seulement ce qu'il n'est pas, & prennent de-là occasion de soutenir que nous ne savons rien de Dieu ni de ses attributs. Il faut en effet convenir qu'on peut savoir ce qu'une chose n'est pas, & être encore fort éloigné de sa véritable notion; mais combien de fois n'a-t-on pas déja observé avec raison que nous nions seulement les défauts & les bornes dans l'Etre le plus parfait, & que ces sortes de négations ont la valeur de vraies affirmations? Si quelquefois nous jugeons à propos d'exprimer négativement les attributs de Dieu, cela doit être attribué à l'origine de nos idées sur cet Etre, qui ont pour fondement la négation de nos propres défauts. Le mot *invariable*, par exemple, est la négation d'une imperfection, & est au fond une notion positive qui signifie *être toujours le même*. Mais nous exprimons cette notion négativement, parce que nous y avons été conduits par la négation de la *mutabilité*, à laquelle nous sommes sujets. En ce sens, l'assertion de ces philosophes contre la notion de Dieu n'est donc pas fondée; car nos notions sur cet Etre n'indiquent point précisément ce qu'il n'est pas, mais ce qui ne lui manque pas. Et si ces philosophes prétendent seulement par-là que nous n'avons pas d'idées compréhensives des attributs positifs de Dieu, nous en tombons aisément d'accord, sans admettre aucune des conséquences qu'on a voulu tirer malignement de cette proposition. Le peu que nous savons des attributs divins, n'en conserve pas moins sa vérité, sa certitude, sa force & sa conviction. Quoique nous ne puissions jamais sentir nous-mêmes l'infinité des perfections divines, nous sommes cependant parvenus par la contemplation intérieure de nous-mêmes

elle conçoit fa propre effence ; ce qu'elle a de vrai,
de bon, de parfait, elle le fépare en idée des défauts avec lefquels il eft mêlé, & elle arrive ainfi
à la connoiffance d'un être qui eft par fa nature infiniment parfait.

Voyez-vous, mes amis, combien le Sage eft obligé de s'éloigner des fens & de leurs objets, s'il
veut comprendre l'Etre fouverain & parfait, dont
la connoiffance eft une vraie félicité ? Ce n'eft pas
affez de ces abftractions, il faut auffi qu'il ferme les
yeux & les oreilles, qu'il écarte de fon attention
la douleur & le plaifir des fens & qu'il oublie, s'il
eft poffible, fon corps, pour rentrer folitairement
en lui-même & ne confidérer que les facultés de fon
ame & leur activité intérieure.

Le corps, dans cette recherche, eft pour l'efprit
un compagnon non - feulement inutile, mais même
incommode ; car dans ce moment il ne s'occupe ni
des couleurs, ni des grandeurs, ni des fens, ni des
mouvements : mais toute fon attention eft fixée fur
l'Etre qui fe repréfente le plus diftinctement & qui
peut produire de toutes les manieres imaginables,

à connoître la bafe de ces perfections ; & cette bafe faifie & con-
nue, donne à une quantité de théorèmes & de conféquences une
certitude inconteftable. Saunderfon n'avoit pas, par lui-même,
une repréfentation fentie de la lumiere, mais on parvenoit, par l'a-
nalogie qu'il y a entre la vue & les autres fens, à lui faire concevoir, au moyen des paroles, quelques marques diftinctives des
rayons de la lumiere : & toute la théorie de l'optique qu'il expliquoit à fes auditeurs par ces notions fondamentales, n'en étoit pas
moins certaine.

toutes les couleurs, toutes les grandeurs, tous les mouvements poſſibles & ce qui eſt bien plus encore, tous les eſprits poſſibles. Il me ſemble que le corps eſt un poids onéreux lorſqu'on veut ſe livrer à ces profondes méditations.

Que cela eſt ſublime? s'écria Simmias; mais auſſi que cela eſt vrai!

Les philoſophes, dit Socrate, qui peſent ces raiſons, ne peuvent s'empêcher d'être de cet avis, & de ſe dire l'un à l'autre: Voilà un faux chemin qui nous écarte de plus en plus de notre but, & qui détruit toutes nos eſpérances. Nous ſommes ſûrs que la connoiſſance de la vérité eſt notre unique ſouhait, mais tant que nous ſommes embarraſſés ici bas de notre corps, tant que notre ame eſt encore infectée de cette contagion terreſtre, il n'eſt pas poſſible que nous nous flattions de voir jamais ce ſouhait entiérement accompli.

Nous devons chercher la vérité. Hélas! le corps nous laiſſe peu de loiſir pour cette entrepriſe importante. Aujourd'hui ſon entretien demande tous nos ſoins; demain il ſera attaqué de maladies qui nous dérangeront encore. Puis viennent d'autres affaires corporelles, l'amour, la crainte, les déſirs, les ſouhaits, les rêveries & les folies qui nous jettent dans de continuelles diſtractions, qui promenent nos ſens de vanités en vanités, & qui nous laiſſent vainement gémir après le véritable objet de nos vœux, la ſageſſe.

E 4

Qui excite la guerre, la révolte, les querelles &
la difcorde parmi les hommes? Ne font-ce pas les
corps & leurs infatiables defirs? Car la cupidité eft
la fource de tous les troubles, & notre ame, fi elle
n'avoit pas à pourvoir aux défirs affamés du corps,
ne feroit jamais agitée d'aucun mouvement d'avarice.

Ainfi nous fommes occupés la plupart du temps,
& rarement nous avons du loifir pour vaquer à la
philofophie. Enfin fe procure-ton une heure de loifir, fe met-on en devoir d'embraffer la fageffe? ne
trouvons-nous pas, fur notre chemin, le perturba-
teur de notre repos, le corps qui nous offre fes
ombres en place de la vérité. Les fens, malgré que
nous en ayions, nous préfentent leurs images illu-
foires, & rempliffent l'ame d'obfcurité, de confufion, de pareffe & de radotage; & comment, dans
ce tumulte général, pourroit elle réfléchir profondément & atteindre la vérité? Cela ne lui eft pas
poffible. Il faut donc que nous attendions les heureux moments où le calme du dehors & la tranquillité intérieure nous procureront le bonheur de perdre
totalement de vue le corps, & d'envifager la vérité
avec les yeux de l'efprit. Mais que ces moments fi
defirables font rares! qu'ils font courts!

Nous voyons donc clairement que nous n'attein-
drons le but de nos fouhaits, la fageffe, qu'après
notre mort; pendant la vie il feroit inutile de l'efpérer. Car s'il eft vrai que tant que l'ame eft unie au corps

elle ne peut connoître diſtinctement la vérité, il
faut poſer de deux choſes l'une : ou nous ne la con-
noîtrons jamais, ou ce ne ſera qu'après notre mort,
parce qu'alors l'ame dégagée du corps, ne trouvera
probablement plus d'obſtacle pour s'attacher à la ſageſſe. Mais ſi dans cette vie nous voulons nous préparer à cette connoiſſance ſi précieuſe, il faut n'accorder au corps que ce qu'exige la néceſſité ; il faut
nous abſtenir des deſirs ſenſuels & nous exercer auſſi
ſouvent qu'il nous eſt poſſible, à la méditation, juſqu'à ce qu'il plaiſe au Très-haut de nous mettre en
liberté. Alors délivrés des erreurs du corps, nous
pouvons eſpérer de contempler la ſource de la vérité, l'Etre ſouverain & parfait, avec des ſens purs
& ſaints ; & peut-être en verrons-nous d'autres jouir
de la même félicité.

Voilà, mon cher Simmias, le langage que ceux
qui deſirent véritablement de s'inſtruire peuvent tenir entr'eux, en ſe parlant de leurs affaires ; & ce
doit être auſſi leur ſentiment, à ce que je crois. Ne
le penſes-tu pas de même ?

„ Aſſurément, mon cher Socrate."

Mais s'il en eſt ainſi, mon ami, celui qui me ſuit,
en ce jour, n'a-t-il pas l'eſpoir d'obtenir, dans les
lieux où nous devons nous rendre, mieux que par-
tout ailleurs, ce qu'il a ſi ſoigneuſement recherché
dans la vie préſente ?

„ On n'en peut diſconvenir."

C'eſt donc dans de flatteuſes eſpérances, que je
puis aujourd'hui entreprendre le voyage de l'autre

vie, & tout amateur de la fageſſe le peut avec moi, s'il penſe que ſans purification & ſans préparation, un libre accès aux myſteres de la fageſſe ne lui eſt pas permis.

„ Rien n'eſt encore plus certain.''

Or cette purification n'eſt autre choſe que l'éloignement de l'ame pour les voluptés ſenſuelles, & le continuel exercice de méditer ſur l'eſſence & les propriétés des êtres purement ſpirituels ; en un mot, c'eſt une conſtante application à délivrer l'ame des entraves du corps, dans cette vie & dans celle à venir, afin qu'elle puiſſe ſans empêchement ſe contempler ſoi-même, & parvenir ainſi à la connoiſſance de la vérité !

„ Sans doute !''

La mort n'eſt autre choſe que la ſéparation de l'ame & du corps ?

„ Préciſément.''

Les vrais amateurs de la fageſſe ſe donnent donc toutes les peines imaginables pour ſe familiariſer avec la mort, pour apprendre à mourir ; n'eſt-ce pas ?

„ Il y a apparence.''

Mais ne feroit-ce pas la plus grande inconſéquence, qu'un homme qui toute ſa vie n'a appris que l'art de mourir, s'affligeât à l'approche de la mort ? Ne feroit-ce pas un ridicule ?

„ Il faut l'avouer.''

Il eſt donc vrai, mon cher Simmias, que la mort ne doit jamais être terrible aux vrais philoſophes.

La société du corps leur est à charge dans toutes les occasions; car pour remplir le véritable but de leur existence, ils doivent chercher à séparer l'ame du corps, & à la concentrer, pour ainsi dire, en elle-même. La mort est cette séparation, la délivrance si long-temps desirée de la société du corps. Quelle inconséquence donc, de trembler, de se désoler à son approche! C'est avec courage, c'est même avec joie que nous devons partir pour le lieu où nous espérons embrasser l'objet de nos vœux les plus ardents, je veux dire la sagesse, & nous trouver débarrassés du compagnon incommode qui nous a causé tant de soucis.

Quoi! des gens du commun, des hommes ignorants, à qui la mort vient d'enlever leurs maîtresses, leurs femmes ou leurs enfants, ne souhaitent, dans le fort de leur affliction, rien de plus ardemment que de quitter la terre & d'aller joindre l'objet de leur tendresse ou de leurs desirs; & quoi donc? ceux qui savent ne pouvoir posséder que dans l'autre vie l'objet qui seul peut captiver leur ame, fondés d'ailleurs à croire qu'alors ils le verront briller de l'éclat de tous ses charmes, sont pleins de détresse, tremblent, & ne se mettent pas gaiement en voyage? O non! mon cher Simmias; rien n'est plus inconséquent qu'un philosophe qui craint la mort.

Par Jupiter! s'écria Simmias, voilà qui est à merveille!

Trembler & fe défoler lorfque la mort nous appelle! Ne peut-on pas prendre cela pour une mar-
que infaillible qu'on n'aime pas la fageffe, mais le
corps, les biens, les honneurs.

„ Infailliblement."

A qui, mieux qu'au philofophe, peut convenir la
vertu que nous nommons fermeté d'ame?

„ A perfonne!"

Et la tempérance, cette vertu qui confifte dans
l'habitude de dompter fes defirs, & d'être circon-
fpect & modefte dans fa conduite, ne faudra-t-il
pas la chercher principalement chez celui qui ne fait
aucun cas de fon corps & qui ne vit & ne fe meut
que dans la philofophie?

„ Néceffairement."

La fermeté & la tempérance de tous les autres
hommes te paroîtront inconféquentes, fi tu les exa-
mines de plus près.

„ Comment cela? mon cher Socrate."

Tu fais que la plupart des hommes regardent la
mort comme un très-grand mal.

„ Je le fais."

Si ces prétendus braves meurent avec intrépidité, c'eft donc uniquement pour fe fouftraire à un
mal encore plus grand.

„ Vraifemblablement."

Donc tous les braves, à l'exception des philofophes, ne deviennnent braves que par la peur. Mais
une intrépidité que la peur occafionne, n'eft-elle pas
bien abfurde?

„ Oh! très-abfurde! ”

Il en eft de même de la tempérance. C'eft d'in-tempérance qu'ils vivent fobrement. On croiroit d'abord la chofe impoffible, & cependant c'eft ce qui eft vrai au pied de la lettre. Ils s'interdifent certains plaifirs, afin de jouir plus librement de ceux dont ils font encore plus avides. Ils fe rendent maî-tres des uns, parce qu'ils font efclaves des autres. Interroge-les, & ils te diront que fe laiffer domi-ner par fes defirs eft intempérance; mais eux-mêmes n'ont obtenu l'empire fur certains defirs qu'en s'af-fujettiffant à l'efclavage d'autres encore plus effré-nés. Or n'eft-ce pas là, en quelque façon, être in-continent d'incontinence?

„ Cela eft pofitif. ”

O, mon cher Simmias! échanger volupté contre volupté, douleur contre douleur, crainte contre crainte, à-peu-près comme on change une piéce d'or contre plufieurs autres d'argent, ce n'eft pas là le chemin de la vraie vertu. La feule monnoie qui foit d'un bon aloi & pour laquelle il faut donner tout le refte, c'eft la fageffe. Avec elle on peut poffeder toutes les autres vertus: valeur, fobriété, juftice, &c. En général, dans la fageffe fe trouve la fource de toutes les vertus, la domination fur les defirs, fur les averfions & fur toutes les paffions. Mais fans la fageffe, on n'obtient qu'un échange de paffions contre une ombre funefte de vertu, qui eft obligée de fervir le vice & qui n'a rien en elle-même de vrai & de falutaire. La vraie vertu eft

une fanctification des mœurs, une purification du
cœur, & non une échange de defirs. La juftice,
la tempérance, la fageffe, la magnanimité, ne confifte pas dans l'échange d'un vice contre un autre.
Nos prédéceffeurs qui ont inftitué les *Télétes*, ou
*les fêtes de la parfaite expiation*, doivent felon toute
apparence avoir été des hommes très-fages; car par
ces énigmes ils ont voulu faire connoître que ceux
qui quittent le monde fans être expiés & fanctifiés,
auront à fouffrir les punitions les plus rigoureufes,
mais que le purifié & l'expié habitera parmi les
Dieux. Ceux qui veillent à ces myfteres expiatoi-
res, ont coutume de dire: *Beaucoup portent le Thyr-*
*fe, mais peu font infpirés*. Et on entend, je penfe,
par infpirés ceux qui fe vouent à la vraie Sageffe. Je
n'ai jamais rien négligé pour être du nombre de ces
infpirés. Si mes efforts ont été infructueux, ou fi
mon deffein m'a réuffi à un certain point, c'eft ce
que j'efpere bientôt apprendre.

Voilà ce que j'avois à dire, Simmias & Cébès,
pour me juftifier fur ce que je quitte fans regret
les meilleurs amis que j'aie fur la terre, & que je
tremble fi peu à l'approche de la mort. J'efpere
trouver dans les lieux où je vais, d'autres amis &
une meilleure vie, que celle que je fuis prêt de
quitter.

Si cette apologie fait fur vous, mes amis, plus
d'impreffion que celle que j'ai faite devant les juges de la ville, je mourrai fans regret.

Il est vrai, Socrate, dit Cébès en prenant la parole, tu t'es pleinement justifié. Mais ce que tu soutiens de l'ame, doit paroître incroyable à bien des gens: car ils pensent que l'ame séparée du corps n'existe plus nulle part; qu'elle est dissoute & anéantie au moment de la mort de l'homme; que semblable à un soufle, à une vapeur légere, elle passe du corps dans l'air supérieur où elle se dissipe & cesse d'être. Si l'on pouvoit prouver que l'ame dégagée du corps peut subsister, & que son existence n'est pas absolument dépendante de son union avec le corps, les espérances dont tu te nourris n'auroient pas peu de vraisemblance; car dès que notre sort peut devenir meilleur après la mort, il y a tout à croire que l'homme vertueux doit s'attendre à jouir d'une vie plus heureuse. Mais cette possibilité même, que l'ame pensera encore après la mort, qu'elle aura une volonté & des facultés intellectuelles, est difficile à comprendre: & c'est, mon cher Socrate, ce qui a besoin d'être prouvé.

Tu as raison, Cébès, repliqua Socrate. Mais qu'y a-t-il à faire? devons-nous songer à en établir la preuve?

Je suis très-curieux, dit Cébès, de savoir ce que tu penses sur un sujet de cette importance.

Du moins, reprit Socrate, quiconque entendra notre conversation, fût-il un poëte comique, ne me reprochera pas de ne m'occuper que de rêveries qui ne sont ni utiles ni importantes. La recherche que nous allons faire est au contraire d'une si grande conféquence, que tout poëte nous permettra volontiers d'implorer l'affiftance de quelque Dininité avant de nous mettre à l'œuvre.

Il fe tut & fe recueillit en lui-même pendant quelques inftants. Enfuite il dit : Je penfe, mes chers amis, que l'adoration la plus digne de l'Etre fuprême, eft de rechercher la vérité avec un cœur pur. Ainfi venons au fait.

La mort, ô Cébès! eft un changement naturel de l'homme, & nous allons examiner ce qui fe paffe à ce changement dans fon corps ainfi que dans fon ame. Cette voie n'eft-elle pas la plus fûre?

„ Vraifemblablement! "

Ne feroit-il pas à propos de voir auparavant ce que c'eft qu'un changement naturel, & comment la nature a coutume d'opérer fes changements non-feulement à l'égard de l'homme, mais auffi à l'égard des animaux en général, des plantes & des chofes inanimées? Il me femble que de cette maniere nous arriverons plus fûrement à notre but.

L'idée me paroît heureufe, répondit Cébès; il faut donc d'abord établir ce que c'eft que changement.

Il me femble, continua Socrate, que nous difons qu'une chofe a été changée, lorfque de deux déterminations oppofées, qui peuvent lui convenir, l'une ceffe & l'autre commence d'exifter ; par exemple, beau & laid, jufte & injufte, bon & mauvais, jour & nuit, dormir & veiller, ne font-ce pas des déterminations oppofées qui font poffibles dans un même fujet?

„ Oui! "

Lorf.

Lorfqu'une rofe fe fane & perd fon éclat, ne di-
fons-nous pas qu'elle eft changée?

„ Vraiment!"

Et lorfqu'un homme injufte veut changer de conduite, ne faut-il pas qu'il en prenne une contraire?

„ Rien de plus plaufible!"

Et lorfqu'une chofe doit naître par un changement, il faut qu'auparavant le contraire ait eu lieu.
C'eft ainfi qu'il fait jour quand il a fait nuit, & que
la nuit fuccede au jour; une chofe devient belle,
grande, pefante, confidérable, après avoir été auparavant laide, petite, légere, vile. N'en convenez-vous pas?

„ Oui!"

Un changement en général n'eft donc autre chofe
que la fucceffion des déterminations contraires, qui
font poffibles dans une chofe. Mais nous en tien-
drons-nous à cette définition? Cébès paroît encore
indécis.

„ Je n'entends pas trop bien ce mot, *oppofé* ou
*contraire*; je ne conçois pas, mon cher Socrate, que
deux états directement oppofés puiffent fe fuccéder
immédiatement."

Fort bien! dit Socrate. Auffi voyons-nous que la
nature dans tous fes changements fait trouver un état
intermédiaire qui lui fert pour ainfi dire de paffage,
pour arriver d'un état à celui qui lui eft contraire.
La nuit, par exemple, fuccede au jour moyennant
le crépufcule du foir, de même que le jour fuccede
à la nuit par le moyen du crépufcule du matin.
Qu'en dites-vous? F

„ Mais, affurément ! ”

Dans la nature, le grand devient petit au moyen d'un décroiffement infenfible , & le petit devient grand au moyen de l'accroiffement.

„ Juftement ! ”

Si même, dans certains cas, nous n'avons pas af-feété un nom particulier à ce paffage, il ne faut pourtant pas douter que ce paffage ne foit néceffaire & réel, toutes les fois qu'un état doit être relevé naturellement par celui qui lui eft contraire. Car un changement n'eft naturel qu'autant qu'il eft produit par les forces qui font dans la nature.

„ Cela eft clair ! ”

Or ces forces primitives font toujours aétives, toujours vives; car fi elles pouvoient être un feul inftant dans un état d'inertie, il n'y auroit que la Toute-puiffance qui pourroit les rappeller à l'aétivi-té. Mais ce qui n'eft poffible qu'à la Puiffance fu-prême, le qualifierons-nous de naturel ?

„ Ce feroit confondre toutes les idées. ”

Ainfi, ce que les forces de la nature produifent aujourd'hui, a été dans tous les temps l'objet de leurs travaux ; car elles ne furent jamais oifives : feu-lement leur aétivité n'eft devenue vifible que peu à peu. La force de la nature, par exemple, qui chan-ge les temps du jour, travaille déja dans ce moment à conduire, au bout de quelques heures, la nuit fur l'horifon, mais elle prend fon chemin par le midi & le foir, qui font les paffages depuis la naiffance du jour jufqu'à fa mort.

„ Juftement ! ”

Dans le fommeil, les forces vitales travaillent à ramener le réveil, ainfi que dans l'état de veille elles préparent le fommeil à venir.

„ Perfonne n'en peut difconvenir. ”

Et en général fi un état doit naturellement fuivre fon contraire, comme cela arrive dans tous les changements naturels : il faut que les forces agiffantes de la nature aient déja travaillé à ce changement & aient, par d'imperceptibles voies, difpofé l'état précédent à éclorre, pour ainfi dire, & à fe former en l'état fucceffif. De-là, ne s'enfuit-il pas qu'il faut que la nature paffe par tous les états intermédiaires, pour relever un état par fon contraire ?

„ Inconteftablement! ”

Réfléchis bien à tout cela, mon ami, pour ne pas douter dans la fuite, fi d'abord on n'a pas trop accordé. Nous demandons trois chofes pour chaque état naturel : un état précédent de la chofe qui doit être changée; un état fucceffif qui foit oppofé au premier ; & un paffage, où les états intermédiaires entre l'un & l'autre, qui fraient, pour ainfi dire, à la nature le chémin du premier au fecond. M'accorde-t-on cela ?

Oui, oui, s'écria Cébès; je ne vois pas qu'on puiffe douter de cette vérité.

Voyons, dit Socrate, fi ce que je vais dire te paroître auffi évident. Il me femble que tout ce qui eft muable, doit continuellement changer, & que le temps en preffant fon vol & en renvoyant toujours l'avenir au préfent & le préfent au paffé, transforme

auffi tout ce qui eft fufceptible de changement, &
le montre à chaque inftant fous une forme nouvelle.
N'es-tu pas auffi de ce fentiment, Cébès?

„ Du moins me paroît-il vraifemblable!"

Il me paroît inconteftable, à moi. Car toute chofe muable, pour que ce foit une réalité, & non une
pure idée, doit avoir une force capable d'agir & en
même temps fufceptible d'impreffions étrangeres. Or
que cette force agiffe ou fouffre: dans l'un & l'autre
cas il doit s'opérer en elle un changement. Et puisque les forces de la nature ne font jamais en repos,
qu'eft-ce qui pourroit arrêter un feul inftant dans fon
cours le torrent de la caducité?

„ Me voilà convaincu. "

Que de certaines chofes nous paroiffent invariables
pendant quelque temps, cela ne préjudicie point à
cette vérité. Une flamme nous paroît toujours la
même, quoique ce ne foit qu'un torrent de feu qui
s'écoule continuellement d'un corps brûlant, & devient invifible. Souvent les couleurs paroiffent à nos
yeux comme n'ayant fouffert aucune altération, &
cependant de nouveaux rayons folaires fuccedent fans
ceffe aux anciens. Or en cherchant la vérité, nous
devons juger des chofes fur la réalité & non fur l'apparence & l'illufion des fens.

Par Jupiter! s'écria Cébès, cette vérité nous ouvre une vue auffi neuve qu'agréable fur la nature des
chofes. Mes amis, ajouta-t-il, en fe tournant vers
nous, l'application de cette doctrine à la nature de
notre ame femble nous promettre les conféquences
les plus importantes.

J'ai encore un principe à établir, reprit Socrate, avant de paſſer à cette application. Ce qui eſt muable, nous en ſommes convenus, change dans tous les inſtants de ſa durée, & la ſuite de ces changements doit croître à meſure que le temps s'écoule. Maintenant, Cébès, je te demande ſi tu penſes que les inſtants de la durée ſe ſuccedent dans une ſuite interrompue ou continue?

Je ne comprends pas, dit Cébès, ce que tu veux dire.

Des exemples vont te le rendre clair. La ſuperficie d'une eau paiſible nous paroît continue, & chacune de ſes parties ſemble avoir avec celles qui l'entourent des limites communes; au lieu qu'un monceau de ſable eſt compoſé de pluſieurs grains dont chacun a ſes limites particulieres. N'eſt-ce pas?

„ Cela ſe comprend."

Lorſque je prononce le mot *Cébès*, n'y a-t-il pas deux ſyllabes diſtinctes qui ſe ſuivent, & entre leſquelles il ne s'en trouve pas une troiſieme?

„ Vraiment!"

Le mot Cébès n'eſt donc pas continu, mais les ſyllabes dont il eſt compoſé ſe ſuivent dans une liaiſon interrompue, & chacune a ſes limites particulieres.

„ Juſte!"

Mais dans l'idée que mon eſprit attache à ce mot, y a-t-il auſſi des parties qui ont leurs limites propres?

„ Il me ſemble que non."

Et avec raifon ; car toutes les parties & toutes les
marques diftinctives d'une idée compofée fe confon-
dent tellement qu'on ne peut affigner aucunes limites
qui faffent voir où l'une finit & l'autre commence.
Elles font donc enfemble un tout contenu, au lieu
que chaque fyllabe a fes limites déterminées, & que
plufieurs fyllabes qui concourent pour faire un mot,
fe fuivent dans une férie difcontinue.

„ Cela eft parfaitement clair. ''

Mais à l'égard du temps, faut-il le comparer avec
le mot prononcé, ou avec l'idée ? Les moments du
temps fe fuivent-ils dans une férie continue ou dis-
continue ?

Dans une férie continue, répondit Cébès.

Sans doute, ajouta Simmias ; car c'eft par la fuite
de nos idées que nous connoiffons le temps. Comment feroit-il donc poffible que la nature de la fucceffion dans le temps & dans les idées ne fût pas la
même ?

Les parties du temps, pourfuivit Socrate, font
donc continues & ont des limites communes ?

„ Exactement ! ''

La plus petite parcelle du temps eft une telle fuite d'inftants, & fe décompofe en portions encore
plus petites, qui confervent toujours toutes les propriétés du temps ; qu'en dites-vous ?

„ Mais rien n'eft plus plaufible. ''

Il eft bien vrai qu'il femble à nos fens, que les
changements des chofes n'arrivent que par intervalle, puifque les fens ne les apperçoivent que de cette

maniere; mais la nature n'en va pas moins fon chemin, & par une transformation infenfible, elle change les chofes dans une fuite continue. La plus petite
portion de cette fuite eft elle-même une fuite de
changements; & quelque près qu'on mette, l'un de
l'autre, deux états, il y a toujours entr'eux un paffage qui les lie & qui, pour ainfi dire, montre à la
nature le chemin de l'un à l'autre.

Je comprends fort bien tout cela, dit Cébès.

Mes amis! s'écria Socrate, maintenant il eft temps
de nous approcher de notre deffein. Nous avons re-
cueilli des raifons qui doivent combattre pour notre
éternité, & je me promets une victoire certaine;
mais ne ferons-nous pas, felon l'ufage des Généraux
avant de livrer un combat, la revue de nos forces,
pour connoître plus exactement leur fort & leur foible?

Apollodore demanda inftamment une courte réca-
pitulation.

Les principes, dit Socrate, de la vérité defquels
on ne peut plus douter, font ceux-ci.

1. Tout changement naturel exige trois chofes:
un état d'une chofe variable, qui doit ceffer; un autre qui doit prendre fa place; & les états intermédiaires, ou le paffage, afin que le changement n'arrive pas brufquement, mais d'une maniere infenfible.

2. Ce qui eft muable éprouve dans tous les inftants de fa durée un continuel changement.

3. La fucceffion du temps eft continue, & il n'y a
pas deux moments entre lefquels on ne conçoive des
moments intermédiaires.

4. La férie des changements répond à celle du
temps, & elle eft pareillement continue; de maniere
qu'on ne peut indiquer deux états entre lefquels on
n'en conçoive d'intermédiaires, & où il n'y ait pas
un paffage.

Oui! dit Cébès.

La vie & la mort, mon cher Cébès, pourfuivit
Socrate, font des états oppofés; n'eft-ce pas?

„ Sans doute! "

Et mourir, c'eft paffer de la vie à la mort?

„ Précifément! "

Ce grand changement regarde probablement l'ame
auffi bien que le corps: car ces deux êtres étoient,
durant cette vie, dans la liaifon la plus intime.

„ Selon toute apparence. "

Ce qui fe paffe avec le corps après cet événement
important, peut nous être connu par l'obfervation:
car ce qui eft étendu, demeure préfent à nos fens;
mais quel fera l'état de l'ame après cette vie; c'eft
ce qu'on ne peut découvrir que par le raifonnement,
puifque l'ame perd, par la mort, les moyens de fe
manifefter aux fens.

„ Cela eft hors de doute! "

Ne fuivrons-nous pas d'abord, mon cher Cébès,
le vifible dans tous fes changements, pour comparer
enfuite, s'il eft poffible, le vifible avec l'invifible?

Cette voie, répondit Cébès, paroît être la meilleure que nous puiſſions choiſir.

Dans chaque corps animal, Cébès, il arrive continuellement des compoſitions & des décompoſitions qui viſent en partie à la conſervation, & en partie à la deſtruction de la machine. Dès la naiſſance de l'animal, la mort & la vie commencent à lutter l'une contre l'autre.

„ C'eſt ce que vérifie l'expérience journaliere."

Comment appellons-nous, demanda Socrate, l'état où tous les changements qui arrivent dans la machine vivante, tendent plus à la conſervation du corps qu'à ſa deſtruction? Ne l'appellons-nous pas Santé?

„ Juſtement!"

Et l'état où tous les changements viſent à la diſſolution de la machine animale, nous le nommons Maladie, ou Vieilleſſe, qui eſt la maladie la plus naturelle.

„ Fort bien!"

La déperdition s'accroît peu à peu & par des degrés imperceptibles; enfin l'édifice tombe en ruine & ſe reſout en ſes plus petites parties. Mais qu'arrive-t-il? Ces parties n'éprouvent-elles plus aucun changement? Ceſſent-elles d'agir & de ſouffrir? Vont-elles être abſolument perdues?

Cela n'eſt pas apparent, répondit Cébès.

Cela n'eſt pas même poſſible, mon ami, repartit Socrate, ſi ce dont nous ſommes convenus eſt vrai; car y a-t-il un milieu entre être & n'être pas?

„ Non, aſſurément!"

Etre & n'être pas, feroient donc deux états qui fe
fuivroient immédiatement, qui feroient les plus pro-
ches.  Or nous avons dit que la nature ne peut opérer de ces changements qui arrivent fubitement &
fans paffage.  Te fouviens-tu encore de ce principe?

„ Très-bien. "

La nature ne peut donc opérer ni une création,
ni un anéantiffement.

„ Vraiment ! "

Rien donc ne fe perd à la diffolution du corps animal.  Les parties diffoutes continuent d'être, d'agir,
de fouffrir, de fe compofer & de fe décompofer,
jufqu'à ce que par des paffages fans nombre elles fe
changent en parties d'un autre individu.  Les unes
deviennent pouffiere, les autres humidité; celles-là
montent dans l'air, celles-ci entrent dans une plante, paffent de la plante dans un animal vivant, &
quittent l'animal pour fervir de nourriture à quelque
ver.  Cela n'eft-il pas conforme à l'expérience?

„ Parfaitement ! "

Nous voyons donc, mes amis, que la mort & la
vie, en tant qu'elles regardent le corps, ne font pas
dans la nature auffi féparées qu'elles le paroiffent à
nos fens.  Elles font des anneaux d'une chaîne continue de changements, qui, par des paffages gra-
dués, font liés enfemble le plus étroitement.  Il n'y
a pas un moment où l'on puiffe dire à la rigueur:
*Maintenant l'animal meurt, il tombe malade; il recou-
vre la fanté.*  Les changements doivent fans doute paroître à nos fens comme féparés, puifqu'ils ne de-

viennent fenfibles que dans des intervalles fouvent confidérables; mais il fuffit que nous fachions qu'ils ne peuvent pas l'être en effet.

Je me fouviens d'un exemple qui va éclaircir cette affertion. Nos yeux bornés à une certaine région, diftinguent clairement le matin, le milieu du jour, le foir, & le milieu de la nuit : & ces moments du temps nous paroiffent féparés les uns des autres; mais quiconque confidere tout le globe, fait parfaitement que les révolutions du jour & de la nuit font continues, & qu'ainfi chaque inftant du temps eft à la fois matin & foir, midi & minuit.

Ce n'eft qu'en qualité de poëte qu'Homere a la liberté de diftribuer les occupations de fes Dieux felon les temps du jour : comme fi les parties du jour étoient encore, pour quelqu'un qui n'eft pas borné à un petit diftrict de la terre, des époques réellement féparées, & qu'il ne fût pas en tout temps auffi bien matin que foir. Il eft permis aux poëtes de prendre l'apparence pour la réalité; mais fuivant la vérité, il faudroit qu'Aurore avec fes doigts de rofes tînt continuellement les portes du ciel ouvertes, & qu'elle traînât fans ceffe fon manteau jaune d'un endroit à l'autre : de même qu'il faut que les Dieux, s'ils ne veulent dormir que de nuit, dorment toujours ou qu'ils ne dorment jamais.

De la même maniere les jours de la femaine, confidérés dans leur enfemble, ne fe peuvent pas diftinguer; car le continu ne fe décompofe en parties féparées & déterminées que dans l'imagination & felon l'illufion des fens : mais l'entendement voit très-bien qu'on ne doit pas s'arrêter où il n'y a point de féparation réelle. Cela eft-il clair, mes amis ?

Très-clair ! répondit Simmias.

Il n'en eft pas autrement de la vie & de la mort des végétaux & des animaux. Dans la fuite des changements qu'a éprouvés la même chofe, une époque, felon le jugement de nos fens, commence là où la chofe devient fenfible à nos fens comme plante ou comme animal ; & nous appellons cela la germination de la plante & la naiffance de l'animal : la feconde époque, celle où les mouvements animaux ou végétaux fe fouftraient à nos fens, nous l'appellons la mort ; & la troifieme, lorfqu'enfin les formes animales ou végétales difparoiffent & deviennent invifibles, nous l'appellons la corruption, la pourriture de l'animal ou de la plante. Mais dans la nature tous ces changements font des anneaux de la chaîne non interrompue des développements & enveloppements de la même chofe qui fe revêtit & fe dépouille de formes fans nombre. Penfez-vous que cela foit fujet à quelque doute ?

„ Aucunement ! "

Si nous difons, pourfuivit Socrate, que l'ame meurt, il faut que nous pofions de deux chofes l'une. Ou toutes fes forces, fes facultés, fes actions ceffent fubitement, & elle difparoît, pour ainfi dire, en un clin-d'œil, ou bien elle éprouve, comme le corps, des transformations lentes & imperceptibles qui fe fuccedent dans une férie continue, dans laquelle il y a une époque où elle n'eſt plus une ame humaine, mais quelque autre choſe, ainſi qu'il eſt arrivé au corps qui, après des viciſſitudes ſans nombre, ſe change en pouſſiere, en air, en plante, ou en parties d'un autre animal. Penſez-vous qu'il y ait encore un troiſieme cas où l'on puiſſe dire que l'ame meurt?

„ Il ne peut pas y en avoir d'autre que ſubitement ou peu à peu."

Fort bien, dit Socrate. Ceux qui doutent encore ſi l'ame ne pourroit pas être mortelle, peuvent choiſir, s'ils craignent qu'elle ne diſparoiſſe ſubitement, ou qu'elle ne ceſſe peu à peu d'être ce qu'elle a été. Cébès ne voudra-t-il pas prendre leur place & ſe charger de ce choix?

„ Mais voudroient-ils ſouſcrire au choix qu'auroit fait leur procureur? Mon avis feroit que nous examinaſſions les deux cas. S'ils renonçoient au choix que j'aurois fait, & qu'ils ſe déclaraſſent pour l'autre, demain, peut-être, il n'y auroit plus perſonne pour les refuter."

Mon cher Cébès, repartit Socrate, la Grece eſt un pays vaſte, & même parmi les barbares il faut qu'il y ait beaucoup de perſonnes que cette recherche intéreſſe. Mais je conſens à examiner avec vous les deux cas. Le premier eſt de ſavoir, ſi l'ame peut périr & diſparoître en un inſtant. Cette maniere de mourir eſt poſſible en elle-même; mais peut-elle être opérée par la nature?

„ Non, affurément, s'il eft vrai, comme nous l'avons accordé, que la nature ne peut opérer un anéantiffement. "

Et n'eft-ce pas avec raifon que nous l'avons accordé? demanda Socrate. Entre être & n'être pas il y a un goufre terrible que la nature agiffant peu à peu ne peut franchir d'un faut.

C'eft à merveille, repliqua Cébès; mais fi elle alloit être anéantie par une force furnaturelle, par une Divinité?

O, mon ami! s'écria Socrate, que nous fommes heureux & dans une fécurité parfaite, fi nous n'avons à craindre que la main immédiate de l'Eternel! Ce que nous appréhendions, étoit que la nature de notre ame ne fût par elle-même mortelle; & c'eft cette crainte que nous nous propofons de diffiper par des raifons. Mais, dites-vous, s'il plaifoit à Dieu, le créateur & le confervateur des êtres, de l'anéantir par un miracle? Non, Cébès; craignons plutôt que le foleil ne nous transforme en glaçons, que de redouter une action fouverainement mauvaife de la part de la Bonté fuprême.

Je ne faifois pas attention, dit Cébès, que mon objection étoit prefque un blafphême.

L'une des manieres de mourir, l'anéantiffement foudain ne nous effraie donc plus, pourfuivit Socrate, puifqu'elle n'eft pas poffible à la nature. Cependant, mes amis, réfléchiffez encore fur ce point. Suppofé qu'elle ne foit pas impoffible, la queftion eſt de ſavoir, quand & dans quel temps notre ame doit diſparoître. Ce ſera apparemment lorſque le corps n'aura plus beſoin d'elle, au moment de la mort.

„ Selon toute apparence. ”

Mais nous avons vu qu'il ne pouvoit pas y avoir un moment déterminé où l'on puiſſe dire: C'eſt maintenant que l'animal meurt. La diſſolution de la machine animale a commencé long temps avant que ſes effets ſoient devenus ſenſibles; car les mouvements animaux qui ſont contraires à la conſervation du tout, ne manquent jamais: ſeulement ils augmentent peu à peu, juſqu'à ce qu'enfin tous les mouvements des parties ne tendent plus à un ſeul but, & qu'au contraire chacun ait adopté ſon but particulier; alors la machine eſt diſſoute. C'eſt ce qui arrive d'une maniere ſi infenſible, dans un ordre ſi continu, qu'on peut appeller chaque état une limite commune de l'état précédent & ſuivant, un effet de l'état précédent & une cauſe de l'état ſuivant. N'en ſommes-nous pas tombés d'accord?

„ Oui ! ”

Si donc la mort du corps doit être auſſi celle de l'ame, il ne faut pas qu'il y ait un moment où l'on puiſſe dire: C'eſt maintenant que l'ame meurt; mais à meſure que les mouvements dans les parties de la machine ceſſent de s'accorder pour un ſeul but, l'ame doit peu à peu défaillir en force & en activité interne. Ne le conçois-tu pas de même?

„ Parfaitement ! ”

Mais considere la singuliere tournure qu'a prise notre recherche! Semblable à une des statues de mon ayeul Dédale, elle paroît se montrer, comme par un ressort intérieur, sous un nouvel aspect.

„ Comment cela? ”

· Nous avons supposé que nos adversaires craignent que l'ame ne soit subitement anéantie, & nous voulions voir si cette crainte est ou n'est pas fondée. Ensuite nous avons examiné dans quel moment elle pourroit être anéantie : & cette recherche même nous a conduits à la supposition contraire, savoir qu'elle ne sera pas anéantie subitement, mais qu'elle diminuera peu à peu en force & en activité internes.

Tant mieux, repartit Cébès; ce sentiment que nous supposions s'est donc réfuté de lui-même.

· Il nous reste donc seulement à examiner encore, si les forces internes de l'ame ne peuvent pas se perdre d'une maniere aussi insensible que les parties de la machine se séparent.

„ Précisément! ”

Suivons, dans leur voyage, ces fideles compagnons, le corps & l'ame, qu'on prétend avoir tout en commun, même la mort: pour voir ce qu'ils deviendront à la fin. Tant que le corps est en santé, tant que la plupart des mouvements de la machine tendent à la conservation & au bien-être du tout, & que les organes du sentiment sont tels qu'ils doivent être, l'ame aussi a toute sa force, elle sent, pense, aime, abhorre, comprend & veut; n'est-ce pas?

„ Cela

„ Cela est incontéftable. ”

Le corps devient-il infirme? Il fe manifefte une difcordance vifible entre les mouvements qui fe paffent dans la machine, vu que plufieurs d'entr'eux ne s'accordent plus pour la confervation du tout, mais ont au contraire des buts divers & oppofés.

„ Et l'ame? ”

Si l'on s'en tient à l'expérience, elle s'affoiblit de même, fent alors d'une maniere déréglée, penfe faux & agit fouvent contre fon gré.

„ Fort bien! ”

Je pourfuis. Le corps meurt; c'eft-à-dire, tous les mouvements ne paroiffent plus avoir pour but la vie & la confervation du tout, mais il peut bien y avoir encore intérieurement quelques foibles mouvements vitaux qui procurent encore à l'ame quelques repréfentations obfcures. C'eft donc à elles que la force de l'ame doit fe reftreindre jufqu'à fa ruine entiere.

„ Sans doute! ”

La corruption furvient. Les parties qui jufqu'ici ont eu un but commun, qui ont fait une feule machine, vont avoir des buts différents, & deviennent des parties de diverfes machines. Et l'ame, mon cher Cébès! où la laifferons-nous? Sa machine eft pourrie; les parties qui en reftent encore, ne lui appartiennent plus, & ne font plus un tout fufceptible d'être animé. Plus d'organes des fens; moyennant lefquels elle pourroit parvenir à quelque fenfation. Tout fera donc ftérile en elle? Tous les fenti-

ments, toutes fes idées, fes imaginations, fes defirs, fes averfions, fes inclinations & fes paffions,
tout cela fera-t-il difparu fans laiffer le moindre
veftige?

Cela n'eft pas poffible, dit Cébès. Que feroit-ce
autre chofe finon un anéantiffement total? Et un
anéantiffement, comme nous avons vu, n'eft pas au
pouvoir de la nature.

Quel confeil donc, mes amis? L'ame ne peut jamais périr; jamais. Car le dernier pas, quand même on le reculeroit pendant des éternités, feroit toujours de l'exiftence au néant: faut qui ne peut être
fondé ni dans l'effence d'un être individuel, ni dans
l'enchaînement général des êtres. Elle durera donc,
& exiftera éternellement. Si elle exifte, il faut
qu'elle agiffe & fouffre. Si elle doit agir & fouffrir,
il faut qu'elle ait des idées; car fentir, penfer &
vouloir, font les feules actions & fouffrances qui
peuvent convenir à un être penfant. Les idées naiffent toujours des fenfations; & d'où viendront les
fenfations, s'il n'y a point d'organes?

Rien ne paroît plus jufte, dit Cébès, que cette
fuite de conféquences; & toutefois elle conduit à
une contradiction manifefte.

De deux chofes l'une, pourfuivit Socrate; ou il
faut que l'ame foit anéantie, ou qu'elle ait encore
des idées après la corruption du corps. On eft très-
porté à regarder ces deux cas comme impoffibles:
& néanmoins il faut que l'un des deux foit réel.
Voyons fi nous ne trouverons pas l'iffue de ce laby-

rinthe! D'un côté l'ame ne peut être anéantie naturellement. Sur quoi cette impoſſibilité eſt-elle fondée? Ne vous rebutez pas, mes amis, de me ſuivre par des ſentiers couverts d'épines; ils nous con-
duiſent dans une des plus charmantes contrées qui
aient jamais réjoui l'eſprit de l'homme. Répondez-
moi, n'eſt-ce pas une idée juſte de force & de changement naturel, qui nous a conduit à la conſéquen-
ce, que la nature ne peut opérer aucun anéantiſſe-
ment?

„ Je l'avoue! ˮ

De ce côté donc il n'y a point d'iſſue à eſpérer,
& nous n'avons qu'à revenir ſur nos pas. L'ame ne
peut pas périr, il faut qu'elle dure, agiſſe, ſouffre,
ait des idées après la mort. Ici s'oppoſe l'impoſſibilité que notre ame ait des idées ſans recevoir les impreſſions des objets extérieurs; mais qui nous garan-
tit cette impoſſibilité? N'eſt-ce pas uniquement
l'expérience que dans cette vie nous n'avons jamais
pu penſer qu'à l'aide de ces mêmes impreſſions?

„ C'eſt cela même! ˮ

Mais quelle raiſon avons-nous, d'étendre cette
expérience au-delà des bornes de cette vie, & de
conteſter abſolument à la nature la poſſibilité de faire
penſer l'ame ſans ce corps organiſé? Que penſes-tu,
Simmias? Ne trouverions-nous pas bien ridicule un
homme qui n'ayant jamais quitté les murs d'Athenes,
voulût conclurre ſur ſa propre expérience que dans
toutes les parties de la terre le jour & la nuit, l'hi-

ver & l'été ne changent précifémeat que comme chez nous?

„ Rien ne feroit plus abfurde!"

Si un enfant enfermé dans le fein de fa merе pouvoit raifonner, pourroit-on lui perfuader qu'un jour, féparé de fa racine, il jouira en plein air de la lumiere bienfaifante du foleil? Ne croiroit-il pas plutôt pouvoir prouver par fa fituation actuelle l'impoffibilité d'un tel état?

„ Selon toute apparence!"

Mais aveugles que nous fommes! penfons-nous plus raifonnablement, lorfque emprifonnés dans cette vie, nous prétendons décider ce qui fera poffible à la nature, même après cette vie? Un feul coup-d'œil fur la variété inépuifable de la nature, peut nous convaincre de l'infuffifance de tels raifonnements. Qu'elle feroit foible, fi fon pouvoir ne s'étendoit pas au-delà de notre expérience!

„ Vraiment!"

Nous fommes donc fondés à rejetter cette expérience, après lui avoir oppofé l'impoffibilité incontestable de l'anéantiffement de l'ame. C'eft avec raifon qu'Homere prête à fes Héros cette exclamation: *Affurément! les ames ne peuvent ceffer de penfer, même dans les habitations de l'Orcus, quoique les corps n'y parviennent pas* (a). Il eft vrai que les

_____

(a) Platon a entendu ce vers d'Homere autrement que quelques commentateurs modernes, & il le cite, au troifieme Livre de fa République, comme répréhenfible; mais j'efpere qu'on voudra bien me permettre d'adopter ici l'interprétation la plus favorable.

idées qu'Homere nous donne de l'Orcus & des Ombres qui y defcendent, ne femblent pas s'accorder en tout avec la vérité; mais ce qu'il y a de certain, mes amis, c'eft que notre ame triomphe de la mort & de la corruption; qu'elle laifle fon corps, pour remplir ici bas fous mille formes variées les vues du Très-haut, tandis qu'elle-même s'éleve au-deffus de la poufliere & continue de contempler, d'après d'autres loix naturelles, mais fupérieures à celles qui ne font que pour les chofes fublunaires, les ouvrages du Créateur, & d'avoir des idées de la vertu & de l'Etre infini. Mais confidérez bien ce point, mes amis! Si l'ame féparée du corps vit & penfe, ne doit-elle pas, comme dans l'état actuel, afpirer à la félicité?

Cela me paroît vraifemblable, dit Simmias; mais je ne me fie plus à mes conjectures, & je fouhaiterois apprendre tes raifons.

Je vais te les expofer, reprit Socrate. Si l'ame penfe, il faut que des idées fuccedent en elle à des idées, il faut qu'elle aime à avoir telles & telles idées, & non telles & telles autres; c'eft-à-dire, il faut qu'elle ait une volonté. Mais fi elle a une volonté, où pourra-t-elle tendre, fi ce n'eft pas au fuprême degré du bien-être, à la félicité?

„ C'eft ce que tout le monde comprend".

Mais comment, pourfuivit Socrate, le bien-être d'une ame qui n'a plus à pourvoir au befoin de fon corps, doit-il être entendu? Le boire & le manger, l'amour, & tous les plaifirs des fens, ne font plus de

fon reffort; tout ce qui dans cette vie flattoit déli-
cieufement fes fens, n'eft plus digne de fon attention; peut-être même ne lui refte-t-il qu'un fouvenir foible & mortifiant des plaifirs dont elle a joui,
unie au corps. Les recherchera-t-elle encore?

„ Elle ne les recherchera pas plus qu'un homme
raifonnable peut rechercher les amufements de fon
enfance. "

Les grands biens feront-ils l'objet de fes fouhaits?

„ Comment cela fe pourroit-il dans un état où,
felon toute apparence, on ne peut poffeder aucune
propriété, ni jouir d'aucuns biens? "

L'ambition eft une paffion que l'ame, féparée de
fon corps, paroît encore pouvoir conferver; car elle
femble peu dépendre des befoins du corps. Mais en
quoi l'efprit fans corps fera-t-il confifter la diftinction qui doit lui faire honneur? Ce ne fera affurément pas dans la puiffance, dans la richeffe, dans la
nobleffe de la naiffance: puifqu'avec fon corps il a
laiffé fur la terre toutes ces extravagances qui ne
peuvent meubler qu'un efprit aliéné.

„ Sans doute! "

Il ne lui refte donc que la fageffe, l'amour de la
vertu & la connoiffance de la vérité, qui pourroient
la diftinguer & l'élever au-deffus des autres créatures
de fon efpece. Outre ce noble defir de la gloire,
ce feront encore les fenfations fpirituelles dont indépendamment de fon corps elle jouit fur la terre: la
beauté, l'ordre, la fymmétrie, la perfection: qui la
réjouiront. Ces fentiments font tellement innés dans

l'homme, que l'ame ne peut les quitter en aucun temps. Celui qui fur la terre a pris foin de fon ame, qui dans cette vie s'eft exercé dans la fagesfe, dans la vertu & dans le fentiment de la vraie beauté, a les plus grandes efpérances de continuer ces exercices après fa mort, & de s'approcher de degré en degré de l'Etre primitif & fouverain, qui eft la fource de toute fageffe, la fomme de toutes les perfections, & par préférence la beauté même.

Souvenez-vous, mes amis, de ces moments enchanteurs dont vous avez joui toutes les fois que votre ame contemplant une beauté célefte, oublioit le corps & fes befoins, & s'abandonnoit entiérement au fentiment dont elle étoit remplie. Quel frémisfement! quel enthoufiafme! Il n'y a au monde que la préfence de la Divinité, qui puiffe produire en nous ces fublimes tranfports. Auffi chaque idée d'une beauté fpirituelle eft-elle en effet un regard de l'ame fur l'effence de la Divinité; car le beau, le régulier, le parfait que nous remarquons, eft une foible empreinte de celui qui eft la beauté, l'ordre & la perfection fubftanciels. Je me fouviens d'avoir développé affez clairement ces idées dans une occafion, & je me contente, pour le préfent, d'en tirer cette conféquence. S'il eft vrai qu'après cette vie la fageffe & la vertu font notre ambition, & que nos defirs n'auront d'autre objet que la recherche de la beauté, de l'ordre & de la perfection fpirituels, notre exiftence ne fera qu'une intuition non interrompue de la Divinité: plaifir célefte qui, dès cette vie, eft la noble récompenfe des travaux de l'homme vertueux! Toutes les peines qu'on endure ici bas, ne disparoissent-elles pas devant une si desirable éternité? Qu'est-ce que la pauvreté, le mépris des sots, & même la mort la plus ignominieuse, si nous pouvons par-là nous préparer à une semblable félicité! Non, mes amis; quiconque a la conscience d'une conduite integre, ne peut pas s'affliger au moment de partir pour jouir d'un bonheur inaltérable. Que celui-là seul qui, durant sa vie, a offensé les Dieux & les hommes, qui s'est roulé dans les voluptés brutales, qui a sacrifié à la gloire déifiée des victimes humaines, & qui s'est réjoui de la misere d'autrui, tremble au seuil de la mort, ne pouvant jetter aucun regard sur le passé sans repentir, aucun sur l'avenir sans crainte. Mais je n'ai, & j'en rends graces à la Divinité, je n'ai aucun de ces reproches à me faire: j'ai recherché toute ma vie la vérité avec empressement, & j'ai chéri la vertu au-dessus de tout. Je dois donc me réjouir d'entendre la voix de la Divinité qui m'appelle pour jouir, dans une lumiere pure, des beautés célestes que j'ai toujours cherché à connoître au milieu de ces ténebres.

Et vous, mes amis, pesez bien les raisons de mes espérances; si elles vous convainquent, bénissez le moment qui m'enleve à la terre, & vivez de maniere que vous soyez prêts à partir gaiement au premier signe de la mort. Peut être la Divinité nous rassemblera-t-elle dans son sein. O, mes amis, avec quel ravissement nous rappellerions nous alors, dans nos tendres embrassemens, ce jour où nous nous sommes quittés!

*Fin du premier Entretien.*

# SECOND ENTRETIEN.

Notre maître avoit cessé de parler, & se promenoit, dans la chambre, comme enseveli dans ses pensées. Nous étions tous assis, & nous méditions en silence sur les choses qu'on venoit de discuter: seulement Cébès & Simmias se parloient tout bas. Socrate en les regardant leur dit: Pourquoi parlez-vous si bas, mes amis? Ne saurons-nous pas ce qu'il y a à rectifier dans les raisons qui ont été rapportées? Je sais très-bien qu'il leur manque encore mainte chose pour être parfaitement claires. Si vous vous entretenez de quelque autre sujet, je n'ai rien à dire; mais si au contraire vous parlez sur la matiere que nous avons traitée, je vous prie de nous communiquer vos objections & vos doutes, afin que nous puissions les examiner en commun, & les lever, ou douter avec vous.

Simmias dit: Je t'avouerai, Socrate, que nous avons des objections à faire, & que nous souhaiterions en entendre la réfutation; mais chacun de nous craint de te paroître importun dans la conjoncture présente.

Il me sera donc bien difficile, répondit Socrate en souriant, de persuader au reste des hommes que ma situation ne me paroît pas si infortunée; puisque vous-mêmes vous ne le pouvez pas encore croire, & que vous craignez que je ne sois à présent plus

chagrin & de plus mauvaise humeur que je ne le fus
autrefois. On dit des Cygnes que près de leur fin,
ils chantent plus agréablement que dans toute leur
vie. Si ces oiseaux étoient, comme on le croit,
consacrés à Apollon, je dirois que leur Dieu leur
fait sentir, à l'heure de la mort, un avant-goût de
la vie à venir, & qu'ils chantent en réjouissance de
ce sentiment. Il en est de même de moi : je suis
prêtre de ce Dieu ; & en vérité, il a imprimé à mon
ame un sentiment de béatitude future, qui dissipe
toute mauvaise humeur & me permet d'être plus se-
rein au moment de ma mort que je ne l'ai été durant
ma vie. Ne craignez donc point de me proposer vos
doutes & vos objections. Demandez-moi les éclair-
cissements que je puis vous donner, tandis que les
Onze le permettent encore.

Eh bien ! repartit Simmias, je commencerai, &
que Cébès me suive. Je voudrois d'abord faire une
observation. Si je fais naître des doutes sur l'immortalité de l'ame, ce n'est pas contre la vérité de cette doctrine, mais contre la possibilité d'arriver, par
les seules lumieres de la raison, à ce qu'on appelle une
démonstration ; ou plutôt contre la méthode que tu
as choisie pour nous en convaincre. Au reste, j'a-
dopte de tout mon cœur cette consolante doctrine,
non-seulement telle que tu viens de la présenter,
mais telle qu'elle nous a été transmise par les plus
anciens Sages, les falsifications des poëtes & des
fabulistes exceptées.

Il me femble qu'où notre ame ne trouve pas de raifons de certitude, elle doit embraffer les opinions qui élevent & annobliffent fon être; ces opinions, femblables à des navires fur les immenfes profondeurs de la mer, nous conduifent par un beau ciel à travers les flots de cette vie.

Je le fens ; je ne puis contredire la doctrine de l'immortalité & de la récompenfe due à la vertu dans une autre vie, fans voir naître des difficultés infinies, & fans voir retomber dans une affreufe incertitude tout ce que j'avois regardé jufqu'alors comme bon, vrai & honnête. Si notre ame eft mortelle, la raifon eft donc un fonge que Jupiter nous a envoyé pour nous tromper : la raifon manque donc de tout l'éclat qui la rend divine à nos yeux : le beau & le fublime dans le moral, comme dans le phyfique, n'eft donc pas une empreinte des perfections divines; car une chofe périffable ne peut recevoir le plus petit rayon de l'Etre effentiellement immortel : nous avons donc été placés ici bas comme les bêtes, pour y chercher notre nourriture : en peu de jours ce fera donc la même chofe, que j'aie été l'ornement ou la honte de la création, que j'aie cherché à augmenter le nombre des heureux ou des malheureux : il n'y a donc pas jufqu'au plus vil des mortels qui ne foit en droit de fe fouftraire à la domination de Dieu, & un poignard peut rompre le lien qui attache l'homme à Dieu! Si notre ame eft périffable, les plus fages Légiflateurs & les plus célebres fondateurs des fociétés humaines nous ont donc trompés,

ou fe font trompés eux-mêmes : le genre-humain a
donc agi de concert pour fomenter un menfonge &
révérer les impofteurs qui l'ont imaginé : une Cité
d'êtres libres & penfants ne vaut donc pas mieux
qu'une troupe de bêtes privées de la raifon, &
l'homme (je frémis de le confidérer dans cette ab-
jection !) privé de l'efpérance de l'immortalité, ce
chef-d'œuvre de la création eft le plus miférable des
animaux qui rampent fur la furface de la terre, &
pour comble de malheur il doit réfléchir fur fa condition, craindre la mort, & fe livrer au défefpoir.
Ce n'eft pas un Dieu infiniment bon & qui fe réjouit
du bonheur de fes créatures : c'eft un être malfaifant
qui l'auroit doué de facultés diftinguées qui ne fervent qu'à le rendre plus miférable & plus digne de
pitié !

Je ne fais quelle angoiffe s'empare de mon ame,
lorfque je me mets à la place des malheureux qui
craignent un anéantiffement total. Il faut que le fouvenir amer de la mort empoifonne tous leurs plaifirs.
Lorfqu'ils veulent jouir de l'amitié, connoître la vérité, pratiquer la vertu, révérer le Créateur, fe livrer aux tranfports à la vue de la beauté & de la
perfection : voilà l'affreufe idée de l'anéantiffement
qui s'élève dans leur ame comme un fpectre hideux,
& qui change le plaifir qu'ils alloient goûter en défefpoir.  Une refpiration qui ne vient pas, un battement de pouls qui s'arrête, les prive de toutes ces
délices.  L'être qui révéroit Dieu, s'en va en pouffiere, en fange, en pourriture.

Je remercie les Dieux de ce qu'ils me délivrent de cette crainte, qui répandroit une trifte amertume fur toutes les voluptés de ma vie, par des piqûres de fcorpion. Mes idées fur la Divinité, la vertu, la dignité de l'homme, & la relation où il eft avec Dieu, ne me laiffent plus de doute fur fa deftination. L'efpérance d'une vie future leve toutes ces difficultés, & rétablit l'harmonie entre des vérités dont nous fommes convaincus de plus d'une maniere. Elle juftifie la Divinité, rend à la vertu fa nobleffe, à la beauté fon éclat, à la volupté fes attraits, adoucit la mifere, & fait aimer jufqu'aux peines de cette vie, par la comparaifon de leur briéveté avec une éternelle durée de bonheur qui en eft occafionnée.

Une doctrine qui eft d'accord avec tant de vérités connues & décidées, & par laquelle nous voyons s'évanouir une foule de difficultés, nous trouve très-difpofés à l'adopter, & n'a prefque pas befoin d'autres preuves. Car quoique peut-être aucune de ces raifons prifes en particulier, ne porte avec elle le plus haut degré de certitude: néanmoins, prifes enfemble, elles nous convainquent d'une maniere fi victorieufe qu'elles nous tranquillifent parfaitement & anéantiffent tous nos doutes. Mais la difficulté, mon cher Socrate, eft d'avoir préfentes à l'efprit toutes ces raifons auffi fouvent que nous le fouhaitons, & avec la promptitude néceffaire, pour faifir d'un coup-d'œil leur harmonie avec connoiffance de caufe. En tout temps & dans toutes les fituations de la vie nous avons befoin de leur fecours; mais tous les temps, ni toutes les fituations de la vie, ne nous permettent pas toujours de nous fouvenir vivement de toutes ces raifons, & de fentir la force de la vérité qui réfulte de leur enfemble. Toutes les fois que nous ne nous en repréfentons pas une partie, ou que nous ne nous la repréfentons pas avec la promptitude requife, la vérité perd de fa force, & le repos de notre ame eft en danger. Mais fi le chemin que tu prends, mon cher Socrate, nous conduit à la vérité par une fuite fimple de raifons victorieufes, alors la démonftration de cette vérité brillera en tout temps à nos yeux. Une chaîne de raifonnements juftes fe rappelle plus aifément que cette harmonie de vérités qui demande en quelque façon une difpofition d'efprit particuliere. C'eft ce motif qui m'engage à te propofer tous les doutes que pourroit faire valoir le plus déterminé adverfaire de l'immortalité.

Si je t'ai bien compris, voici à quoi fe réduit ta démonftration. L'ame & le corps font dans la plus intime liaifon ; celui-ci fe diffout peu à peu en fes parties : celle-là doit ou être anéantie, ou avoir des repréfentations. Rien ne peut être anéanti par des forces naturelles ; notre ame ne peut donc jamais ceffer d'avoir des idées.

Mais fi par des raifons femblables, mon cher Socrate, je prouvois que l'harmonie doit continuer lors même qu'on aura brifé la lyre qui la produifoit, ou que la fymmétric d'un édifice doit encore fubfifter même après avoir abattu & réduit en poudre toutes les pierres dont il étoit conftruit? L'harmonie, auffi bien que la fymmétrie, dirois-je, eft quelque chofe; & on ne me le contefteroit pas. Celle-là eft en liaifon intime avec la lyre, & celle-ci avec l'édifice: voilà encore un point qu'on feroit obligé de m'accorder. Comparez la lyre ou l'édifice avec le corps, & l'harmonie ou la fymmétrie avec l'ame : & nous aurons prouvé que la mufique doit durer plus longtemps que l'inftrument, & la fymmétrie plus longtemps que l'édifice. Or cela eft de toute abfurdité à l'égard de l'harmonie & de la fymmétrie; car défignant la maniere de compofition, elles ne peuvent durer plus long-temps que la compofition même.

On peut foutenir la même chofe à l'égard de la fanté. Elle eft une propriété du corps organifé, & ne fe trouve que là où les fonctions de fes membres tendent à la confervation du tout. Elle eft un attribut du compofé, & elle difparoît, lorfque le compofé eft réfolu en fes parties. Il en eft probablement de même de la vie. La vie d'une plante ceffe auffitôt que les mouvements dans les parties tendent à la diffolution du tout. L'animal a de préférence fur la plante les organes des fens & le fentiment, & l'homme enfin la raifon. Peut-être ce fentiment dans les animaux, & même la raifon de l'homme, ne font-ils que des attributs du compofé, de même que la vie, la fanté, l'harmonie, &c. qui par leur nature ne peuvent fubfifter plus long-temps que les compofitions dont elles font inféparables. Si l'art de la conftruction fuffit, pour donner la vie & la fanté aux plantes & aux animaux : un art fupérieur pourra peut-être donner du fentiment à l'animal, & de la raifon à l'homme. Imbécilles que nous fommes, nous ne comprenons pas plus l'un que l'autre. La conftruction mervéilleufe dé la moindre feuille eft au-deffus de toute raifon humaine, renferme des myfterès qui défieront encore l'application & la pénétration de la poftérité la plus reculée : & nous prétendons expliquer ce qui peut ou ne peut pas être opéré par l'organifation ? Eft-ce à la Toute-puiffance ou à la Sageffe infinie du Créateur que nous mettrons des bornes ? Il faut, je penfe, l'un ou l'autre néceffairement, fi notre néant doit décider que l'art du Tout-puiffant même ne peut produire, par la conformation de la matiere la plus fubtile, la faculté de fentir ou de penfer.

Tu vois, mon cher Socrate, ce qui manque encore à tes difciples pour une conviction entiere & inébranlable. Si l'ame eft quelque chofe que le Tout-puiffant a créé hors du corps & de fa formation, & qu'il lui a réuni, il eft certain que l'ame durera, & aura des repréfentations même après la mort; mais qui nous eft garant du premier ? L'expérience femble plutôt dépofer en faveur du contraire. La faculté de penfer fe forme avec le corps, s'accroît avec lui, & éprouve avec lui les mêmes viciffitudes. Chaque maladie dans le corps eft accompagnée de foibleffe, de dérangement ou d'impuiffance dans l'ame. Surtout les fonctions du cerveau & des inteftins font fi étroitement liées avec la faculté de penfer, qu'on eft

très-

très-porté à les déduire les unes & l'autre d'une même fource, & à expliquer ainſi l'inviſible par le viſible: de même qu'on aſſigne la même cauſe à la lumiere & à la chaleur, par la grande conformité qu'il y a dans leurs changemens.

Simmias ſe tut, & Cébès prit la parole. Notre ami Simmias, dit-il, paroît ne vouloir poſſéder ſûrement que ce qui lui a été promis ; mais moi, mon cher Socrate, je voudrois avoir plus que tu ne nous as fait eſpérer. Que tes preuves ſoient défendues contre toute objection : tout ce qui s'enſuit, c'eſt que notre ame, après le décès de notre corps, continue d'exiſter & d'avoir des idées ; mais comment exiſtera-t-elle ? Peut-être comme dans le vertige, dans une défaillance, ou dans le ſommeil. L'ame de celui qui dort, ne peut être tout-à-fait ſans idées ; il faut que les objets d'alentour agiſſent ſur lui par des impreſſions plus foibles, & excitent dans ſon ame au moins des ſenſations foibles : autrement des impreſſions ſucceſſivement plus fortes ne pourroient pas l'éveiller (*). Mais quelles ſont ces idées ? Un ſentiment obſcur, ſans conſcience, ſans réminiſcence : un état dépourvu de raiſon, où nous ne nous ſouvenons pas du paſſé & dont nous ne nous ſouvenons plus dans la ſuite. Or s'il arrivoit que notre ame, en ſe ſéparant de ſon corps, tombât dans une

---

(*) Si des impreſſions fortes excitent des ſenſations vives, il faut que les impreſſions même les plus foibles ne ſoient pas entiérement ſans effet, mais qu'au contraire elles occaſionnent des ſenſations qui ne différent de celles-là que par le degré de vivacité.

eſpece de ſommeil ou de léthargie, & qu'elle ne ſe
réveillât jamais, quel avantage retirerions-nous de
ſon exiſtence continuée? Une exiſtence deſtituée de
raiſon eſt encore plus éloignée de l'immortalité que,
tu eſperes, que la félicité des animaux ne l'eſt de la
félicité d'un eſprit qui reconnoît un Dieu. Si ce qui
lui arrive après cette vie, nous doit intéreſſer, &
exciter déja ici-bas en nous des eſpérances ou des
craintes, il faut que nous conſervions, dans la vie
future, ce ſentiment intérieur qui, dans la vie préſente, ne nous permet pas de douter de notre exiſtence : il faut même que nous puiſſions comparer ce
que nous ſerons avec ce que nous ſommes à préſent,
& en porter un jugement. Et ſi je t'ai bien compris,
mon cher Socrate, tu attends après la mort une
meilleure vie, un entendement plus éclairé, un cœur
plus noble & plus élevé, en un mot un état infiniment plus parfait que celui d'aucun mortel. Sur quoi
cette eſpérance flatteuſe eſt-elle fondée? Le défaut
de toute conſcience claire n'eſt pas pour notre ame,
au moins pendant un court eſpace de temps, un état
impoſſible : nous devons en être convaincus par l'expérience ; mais que ſeroit-ce, ſi après la mort cet
état duroit pendant toute l'éternité?

Il eſt vrai que tu nous as dit tantôt que le variable
doit changer continuellement; & ce principe me fait
entrevoir un rayon d'eſpérance que mon appréhen-
ſion n'eſt pas fondée ; car ſi notre ame doit paſſer
par des changements ſans nombre, il eſt vraiſemblable qu'elle n'eſt pas deſtinée à aller toujours en tom-

bant pendant l'éternité, & à perdre de plus en plus
de sa beauté divine; mais qu'elle se relevera aussi,
au moins avec le temps, & qu'elle reprendra le degré sur lequel elle étoit déja placée dans la création,
pour observer les œuvres de Dieu: & un haut degré
de vraisemblance est tout ce qu'il faut pour nous
confirmer dans la conjecture qu'une meilleure vie attend les hommes vertueux. Cependant, mon cher
Socrate, je souhaiterois aussi que tu traitasses ce
point, sachant que toutes les paroles que tu proferes
aujourd'hui se gravent profondément dans mon ame,
& ne s'en effaceront jamais.

Nous avions tous écouté attentivement, mais non
sans être indignés, comme nous nous l'avouâmes dans
la suite, qu'on nous rendît incertaine & douteuse une
doctrine dont nous croyions être si fort convaincus.
Ces objections, qui nous faisoient sentir notre insuf-
fisance pour distinguer la vérité de l'erreur, sembloient répandre sur toutes les connoissances humaines une incertitude affligeante.

ECHÉCRATE.

Je ne suis pas surpris, mon cher Phédon, que tu
pensois ainsi; je viens moi-même, en t'écoutant,
d'éprouver le même sentiment. Les raisons de Socrate m'avoient pleinement convaincu; & je n'imagi-
nois même plus que l'immortalité de l'ame pût désormais être revoquée en doute; mais l'objection de
Simmias me rend toute mon incertitude, & je me
souviens d'avoir cru autrefois que la faculté de penser pouvoit être un attribut du composé & être foro

.dée fur l'organifation & l'harmonie des parties. Mais, dis-moi, mon ami, comment Socrate a-t-il reçu ces objections? En prit-il une auffi mauvaife humeur que vous autres, ou bien alla-t-il à leur rencontre avec fa douceur ordinaire? Et fa réponfe vous a-t-elle fatisfaits ou non? Je voudrois que tu me fiffes de tout cela un récit auffi circonftancié qu'il eft poffible.

### PHÉDON.

Si jamais j'ai admiré Socrate, c'eft affurément dans cette rencontre. Qu'il eût une réponfe prête, ce n'eft pas ce qui doit étonner de fa part; mais ce qui me parut furprenant, ce fut d'abord la bonté, l'air gracieux & la douceur avec lefquels il écouta tous les fubtils raifonnements de ces jeunes gens, & enfuite la promptitude avec laquelle il avoit remarqué les impreffions que ces objections avoient faites fur nos efprits, & la maniere avec laquelle il vola à notre fecours, nous rappella, pour ainfi-dire, de la fuite, nous encouragea au combat & nous y mena lui-même.

### ECHÉCRATE.

Et comment cela?

### PHÉDON.

C'eft ce que je vais te raconter. J'étois affis à fa droite auprès du lit fur une chaife baffe; & lui, il étoit un peu plus haut que moi. Me tirant doucement par une partie de mes cheveux: Demain, Phédon, me dit-il, tu pourrois bien couvrir de ces boucles la tombe d'un ami. Selon toutes les apparences, repliquai-je. — Non, mon ami, n'en fais rien. —

Pourquoi donc ? lui demandai-je. C'eſt aujourd'hui, pourſuivit-il, qu'il faut que nous coupions nos cheveux, ſi notre beau ſyſtême va ainſi s'écrouler, & que nous ne ſoyons pas en état de l'édifier ſur une baſe inébranlable. Si on m'avoit ruiné une telle doctrine, je ferois vœu à ta place, comme autrefois certain citoyen d'Argos, de ne faire revenir ma chevelure qu'auparavant je n'euſſe triomphé des objections de Simmias & de Cébès.

Tu fais le proverbe, lui dis-je; Hercule même ne peut rien contre deux. Appelle-moi donc à ton ſecours comme ton Iolaüs, tandis qu'il en eſt encore temps, répondit-il. Bon! lui dis-je; je t'appellerai à mon ſecours, mais non comme Hercule ſon Iolaüs, ce ſera comme Iolaüs ſon Hercule.

Cela ne fait rien à la choſe, reprit-il; tâchons ſurtout d'éviter de faire un certain faux pas. Lequel? lui demandai-je. C'eſt, dit-il, de ne pas prendre la raiſon en haine, comme certaines perſonnes y prennent les hommes. Ce ſeroit le plus grand malheur qui nous pût arriver! La haine de la raiſon & la miſanthropie naiſſent ordinairement de la même maniere. Car la haine des hommes vient, lorſqu'on met d'abord une confiance aveugle en quelqu'un, le prenant en toute choſe pour un homme fidele, ſincere & integre, & qu'on éprouve enſuite qu'il n'a ni bonne-foi, ni probité, ſur-tout lorſque cela nous arrive à diverſes repriſes & même à l'égard de ceux que nous regardions comme nos plus fideles & plus intimes amis. Alors on ſe met de mauvaiſe humeur,

on fait tomber fa haine fur tous les hommes indi-
ftinctement, & on ne fuppofe plus à qui que ce foit
la moindre probité. N'as-tu pas remarqué que cela
arrive ainfi d'ordinaire ?

Très-fouvent, répondis-je.

Mais cela n'eft-il pas honteux ? & n'eft-ce pas
prétendre tirer avantage de la fociété, fans avoir la
moindre connoiffance du cœur humain ? Quiconque
n'eft pas abfolument incapable de réflexion, trouvera
aifément le jufte milieu, qui a auffi pour lui la vérité. Il eft peu d'hommes parfaitement bons ou méchants ; la plupart tiennent à-peu-près le milieu entre
les extrêmes.

Comment dis-tu ? lui demandai-je.

Il en eft de l'homme, répondit-il, à l'égard de la
bonté & de la méchanceté, comme à l'égard de la
grandeur, de la petiteffe, & des autres qualités,
telles que la beauté, la laideur, la blancheur, &c.
où l'extrême ne fe rencontre jamais.

C'eft ce qui me femble, lui dis-je.

Ne penfes-tu pas, continua-t-il, que fi l'on mettoit un prix à la plus grande méchanceté, peu
d'hommes le remporteroient ?

„ Probablement. "

Oh ! très-probablement, pourfuivit-il. Cependant
en ce point il fe trouve entre la raifon & le genre
humain une diffemblance plutôt qu'une reffemblance,
& ce font tes demandes qui m'ont détourné de mon
chemin. Mais la reffemblance s'apperçoit lorfque
quelqu'un fans examen & fans connoître la nature de

aut que nous redoublions de forces & de courage, & que nous livrions continuellement de nouveaux fiauts. Nous y fommes tous obligés, mes amis! vous, parce qu'il vous refte encore quelque temps à vivre; & moi, parce que je touche au terme de la vie. J'ai même un motif à alléguer qui pourroit peut-être paroître avoir pour fondement l'envie d'avoir raifon, plutôt que l'amour de la vérité: comme il arrive d'ordinaire au vulgaire ignorant qui, lorsqu'il a quelques points douteux à difcuter, fe foucie peu de ce que la chofe eft en elle-même, pourvu qu'il puiffe, aux yeux des affiftants, fe donner l'air l'avoir raifon. Il n'y aura qu'une différence entre moi & ces gens-là; car perfuader les affiftants de la vérité de mon fentiment, ce n'eft chez moi qu'une fin fecondaire; mon deffein principal eft de me convaincre moi-même qu'il eft conforme à la vérité, parce que j'y trouve un avantage infini. Car voici, mon cher ami, comment je raifonne. Si la doctrine que j'enfeigne eft fondée, je fais bien de m'en convaincre; mais s'il ne refte plus d'efpoir au fortir de cette vie, j'y gagne du moins de ne pas importuner, ayant de mourir, mes amis par mes plaintes.

Je me réjouis fouvent de la penfée, que tout ce qui porteroit au genre-humain une confolation & des avantages réels, s'il étoit vrai, a déja, par cela même, beaucoup d'apparence d'être vrai. Si les Sceptiques objectent contre la doctrine de Dieu & de la vertu, qu'elle eft une invention purement

la raifon, regarde quelque raifonnement (
& convainquant, & qu'un moment aprè
trouver faux: foit qu'il le foit ou ne le
lui-même. Sur-tout fi cela lui eft arriv
fois, comme nous venons de le dire, à
l'amitié. Alors il eft dans le cas de ces So
foutiennent & refutent tout ce que l'on v
maginent être les plus fages des mortels
les feuls qui aient apperçu que la raifon
toutes les autres chofes fur la terre, n'a r
& de certain, mais que tout eft, comme
ripe, dans un flux & reflux continuel, ê
pas un moment à la même place.

Mais, mon cher Phédon, continua-t-il
que la vérité foit non-feulement certaine
ble en elle-même, mais encore qu'il ne f
poffible à l'homme de l'approfondir; fi
par ces fophifmes qui fe détruifent les uns l
fe laiffoit féduire au point que d'indignat
prît, non à lui-même ou à fon incapacité,
raifon même, & que pour le refte de fa
& déteftât toutes les raifons, qu'il éloigr
toute vérité, toute connoiffance: le malh
homme ne feroit-il pas déplorable?

Par Jupiter! répondis-je, très-déplorable

Il faut donc, avant toute chofe, cherc
ter cette erreur & à nous convaincre que
elle-même n'eft pas incertaine & flottante,
notre entendement eft quelquefois trop fo
la faifir & s'en rendre maître. C'eft po

politique, imaginée pour le bien de la fociété humaine, je fuis toujours tenté de leur crier: ô mes amis! imaginez un fyftême dont la fociété humaine fe puiffe auffi peu paffer, & je gage qu'il eft vrai. Le genre humain eft appellé à la fociété, comme chacun de fes individus eft appellé à la félicité. Tout ce qui peut conduire à cette fin d'une maniere générale, fûre & conftante, a fans doute été choifi & produit comme un moyen par le fage Auteur des êtres.

Ces idées flatteufes font infiniment confolantes, & nous montrent la relation qu'il y a entre l'homme & le Créateur. C'eft pourquoi je ne defire rien plus ardemment que de me convaincre de leur vérité. Cependant je ferois fâché que mon ignorance à ce fujet durât encore long-temps. Non! bientôt j'en ferai délivré. C'eft dans cette difpofition, Simmias & Cébès, que je paffe à vos objections. Je vous engage, mes amis, à confidérer la vérité plutôt que Socrate. Si vous trouvez que je refte fidele à la vérité, applaudiffez-moi; finon, oppofez-vous fans ménagement, afin que par une trop bonne difpofition je ne trompe ni vous ni moi-même, & que je ne vous quitte pas comme une abeille qui laiffe fon éguillon. Soyez donc attentifs, mes amis, & avertiffez-moi au cas que je paffe quelque chofe de vos arguments, ou que j'avance quelques erreurs.

Notre faculté de penfer, dit Simmias, doit avoir une exiftence individuelle, ou n'être qu'une propriété, une maniere d'être, un attribut du corps orga-

nifé. Dans le premier cas, c'eft-à-dire, en confidérant l'ame comme une fubftance incorporelle &
créée féparément, il convient que nous avons démontré qu'elle ne peut ceffer d'être, & qu'elle ne
peut abfolument périr que par la volonté toute-puis-
fante de fon Auteur. M'accorde-t-on toujours ce
même point, ou fi quelqu'un de vous peut y trouver encore de la difficulté ?

„ Nous en tombons volontiers d'accord. ”

Et que le Créateur n'anéantiffe jamais quelque
ouvrage de fes mains, c'eft de quoi perfonne, autant que je me fouvienne, n'a douté non plus.

„ Perfonne. ”

Mais ce que Simmias craint, c'eft que notre faculté de fentir & de penfer ne foit pas un être créé
féparément, mais, comme l'harmonie, la fanté, ou
la vie des plantes & des animaux, la propriété, l'attribut d'un corps fait avec art.  N'étoit-ce pas ce
que tu craignois ?

„ Précifément. ”

Voyons fi ce que nous favons de notre ame &
que nous pouvons éprouver auffi fouvent que nous
le voulons, ne rend pas cette crainte impoffible.
Que fe fait-il dans la formation ou compofition la
plus artificielle ? N'y rapproche-t-on pas des chofes
qui auparavant étoient éloignées les unes des autres ?

„ Sans doute ! ”

Elles étoient auparavant liées avec d'autres, maintenant on les lie entr'elles, & elles deviennent les

parties intégrantes du tout que nous appellons un composé.

„ Fort bien! "

De cette union des parties il résulte d'abord de la maniere dont ces parties intégrantes coëxistent, un certain ordre plus ou moins parfait.

„ Assûrément! "

Ensuite les forces & l'activité des parties changent plus ou moins par la composition, suivant que par l'action & la réaction elles sont tantôt arrêtées, tantôt avancées, & tantôt altérées dans leur direction. N'en convenez-vous pas?

„ Cela paroît ainsi. "

L'auteur d'une telle composition, tantôt ne fait attention qu'à la coëxistence des parties: par exemple dans l'eurythmie & la symmétrie en fait d'architecture, où l'on ne fait attention qu'à cet ordre de coëxistants; tantôt au contraire il a en vue l'activité changée des parties intégrantes & la force du composé qui en résulte, comme dans quelques ressorts & quelques machines; il y en a même où l'on voit clairement que l'artiste a eu en vue l'ordonnance des parties & à la fois le changement de leur activité.

Les artistes humains, dit Simmias, l'ont peut-être fait rarement; mais l'Auteur de la nature paroît avoir constamment réuni ces vues de la maniere la plus parfaite.

A merveille! répliqua Socrate. Cependant je ne suivrai pas plus loin cette considération accessoire. Dis-moi seulement, Simmias, si par la composition il peut naître dans le tout une force qui ne soit pas fondée dans l'activité des parties conſtitutives?

„ Que veux-tu dire, mon cher Socrate? "

Si toutes les parties de la matiere ſe trouvoient rapprochées dans un état d'inertie, ſans action & ſans réaction: leur ordonnance & leur tranſpoſition les plus artificielles pourroient-elles produire dans le tout un mouvement, une réſiſtance, & en général une force quelconque?

Cela n'eſt pas vraiſemblable, répondit Simmias; un tout actif ne peut guere ſe compoſer de parties inactives.

Eh bien, dit-il, nous pouvons donc adopter ce principe. Cependant nous remarquons que l'harmonie & la ſymmétrie peuvent ſe trouver dans le tout, quoiqu'aucune des parties intégrantes n'ait en ſon particulier ni harmonie ni ſymmétrie. Comment cela ſe fait-il? Aucun ſon iſolé n'eſt harmonieux, & cependant pluſieurs ſons font une harmonie. Un édifice bien ordonné peut être compoſé de pierres qui n'ont ni ſymmétrie ni régularité. Pourquoi puis-je compoſer ici de parties inharmonieuſes un tout harmonieux, de parties irrégulieres un tout très-régulier?

O! cette différence eſt palpable, dit Simmias; ſymmétrie, harmonie, régularité, ordre: tout cela ne peut être conçu ſans variété; car ces propriétés ne ſignifient même que la proportion de différentes impreſſions, comme elles ſe préſentent à notre eſprit priſes enſemble, & en comparaiſon les unes des

autres. Ces idées demandent donc un affemblage,
une reffemblance, une comparaifon de diverfes impreffions qui, prifes enfemble, font un tout; il eft
donc impoffible qu'elles conviennent aux parties ifolées.

Pourfuis, mon cher Simmias, s'écria Socrate intérieurement charmé de la pénétration de fon ami;
dis-nous auffi : fi chaque fon ifolé ne faifoit pas une
impreffion fur l'ouïe, plufieurs fons pourroient-ils
bien faire naître une harmonie?

„ Ils ne le pourroient pas.''

Il en eft de même de la fymmétrie. Il faut que
chaque partie agiffe fur l'œil, pour qu'il naiffe de
plufieurs parties ce que nous appellons fymmétrie.

„ Néceffairement. ''

Nous voyons donc clairement qu'il ne peut naître
dans le tout une activité dont la raifon ne fe trouve
dans les parties conftitutives, & que tout le refte
qui ne découle pas des propriétés des éléments &
des parties conftitutives, par exemple, l'ordre, la
fymmétrie, &c. ne doit être cherché que dans la
manière de la compofition. Sommes-nous convaincus de ce principe, mes amis?

„ Parfaitement. ''

Il y a donc dans chaque compofition, même la
plus artificielle, deux chofes à confidérer: premié-
rement, la fuite & l'ordre des parties conftitutives
par rapport au temps ou à l'efpace; & puis, la
combinaifon des forces primitives, & la manière
dont elles fe rendent fenfibles dans le compofé. Par

l'ordonnance & la situation des parties, les effets des forces simples vont à la vérité être reſtraintes, déterminées & changées; mais jamais on ne peut obtenir par la compoſition une force ou une activité dont l'origine ne ſe trouve pas dans les parties élémentaires.

Je m'arrête un peu, mes amis, ſur ces recherches ſubtiles, comme quelqu'un qui diſpute le prix à la courſe; il s'élance à différentes repriſes, pour courir, après chaque pauſe, avec des efforts redoublés, pour tourner le but, & ſi les Dieux lui ont réſervé de la gloire, pour remporter la victoire. Peſe la choſe avec moi, mon cher Simmias!

Si notre faculté de penſer n'eſt pas un être créé ſéparément, mais une propriété du compoſé, ne faut-il pas ou qu'elle réſulte, comme l'harmonie & la ſymmétrie, d'un certain ordre & arrangement des parties, ou qu'elle ait, comme la force du compoſé, ſon origine dans l'activité des parties conſtitutives? Et cela doit être; puiſque comme nous l'avons vu, on ne peut imaginer un troiſieme cas. A l'égard de l'harmonie, nous ſavons déja que chaque ſon iſolé n'a rien d'harmonieux, & que l'harmonie ne conſiſte abſolument que dans l'aſſemblage & la comparaiſon de divers ſons. Cela eſt-il ſuſceptible de quelque doute?

„D'aucun."

C'eſt la même choſe à l'égard de la ſymmétrie & de la régularité d'un bâtiment: elles conſiſtent dans l'aſſemblage & la comparaiſon de pluſieurs parties irrégulieres. On n'en fauroit difconvenir. Mais cette comparaifon & ce parallele, font-ils autre chofe que l'effet de la faculté de penfer? & les trouvera-t-on, hors de l'être penfant, quelqu'autre part dans la nature?

Simmias ne fut que répondre à cela.

Dans la nature, pourfuivit Socrate, des fons ifolés, des pierres ifolées fe fuccedent & coëxiftent. Où eft ici l'harmonie, la fymmétrie & la régularité? Si l'on n'imagine pas la préfence d'un être penfant qui raffemble les différentes parties, les compare, & remarque dans cette comparaifon un accord, je ne le fais trouver nulle part. Et toi, mon cher Simmias, en fais-tu trouver la trace dans la nature dépourvue d'ame?

„ Il faut que j'avoue mon impuiffance, répondit-il, quoique je voie où cela aboutit."

Heureux préfage! s'écria Socrate, lorfque l'adverfaire lui-même preffent fa défaite. Cependant, réponds-moi, fans te rebuter; car tu n'as pas peu de part à la victoire que nous efpérons remporter fur toi-même. L'origine d'une chofe peut-elle s'expliquer par fes propres effets? L'ombre que jette un arbre, peut-elle être citée comme la caufe génératrice de cet arbre, & le doux parfum, comme la caufe de la fleur?

„ En aucune façon."

L'ordre, la fymmétrie, la régularité, en général tous les rapports qui demandent un affemblage, une comparaifon, de diverfes chofes, font des effets de

la faculté de penfer. Si l'on ne fuppofe pas la préfence d'un être penfant, s'il n'y a ni comparaifon ni
confrontation des parties diverfes, l'édifice le plus
régulier n'eft qu'un monceau de fable, & la voix du
roffignol n'eft pas plus harmonieufe que les cris du
hibou. Bien plus, fans la faculté de comparer on
ne peut pas dire qu'il y ait dans la nature un tout
dont les parties exiftent les unes hors des autres;
car ces parties ont chacune leur propre exiftence, &
il faut les mettre en parallele, les comparer, les
rapprocher, les regarder comme combinées, fi l'on
veut affurer qu'elles font un tout. La faculté penfante, elle feule dans toute la nature, eft capable
de donner par une activité interne, l'exiftence à des
comparaifons, des combinaifons, des confrontations.
C'eft pourquoi l'origine de tout compofé, des nom-
bres, des grandeurs, de la fymmétrie, de l'harmonie, ne doit être cherchée que dans la faculté penfante. Et puifque cela eft inconteftable, il ne l'eft
pas moins que cette faculté de penfer elle-même, la
caufe de toute comparaifon, ne peut en aucune maniere naître de fes propres actions, ne peut en aucune maniere confifter en une relation, harmonie, fymmétrie, ne peut en aucune maniere être un tout
compofé de parties pofées les unes hors des autres;
car toutes ces chofes fuppofent les effets & les opérations de l'être penfant, & ne peuvent avoir de
réalité que par leur moyen.

Cela eft très-clair dit Simmias.

Puis-

Puisque chaque tout, compofé de parties pofées les unes hors des autres, fuppofe l'action de prendre enfemble & de comparer; & que ces collections & ces comparaifons doivent néceffairement être l'opération d'une faculté repréfentative, je ne puis pas mettre cette faculté repréfentative elle-même dans un tout confiftant en de telles parties pofées les unes hors des autres, fans faire naître une chofe par fes propres opérations. Et les fabuliftes même n'ont pas encore hafardé, que je fache, une telle abfurdité. Perfonne n'a encore mis l'origine d'une flûte dans l'accord de fes fons, ni l'origine des rayons folaires dans l'arc-en-ciel.

„ A ce que j'apperçois, mon cher Socrate, le doute qui me reftoit encore eft entiérement diffipé."

Il mérite néanmoins, repliqua Socrate, d'être pefé en particulier; fi toutefois je ne fatigue point votre patience par ces recherches épineufes.

Ah! mon ami, lui cria Criton, ne crains pas de mettre leur patience à l'épreuve; au moins tu n'as pas épargné la mienne, lorfque j'infiftois fur l'exécution d'une propofition......

Ne parlons plus d'une chofe, interrompit Socrate, qui eft mife maintenant hors de conteftation. Nous avons ici à examiner des chofes qui femblent être encore fujettes à des doutes. Il n'eft plus, à la vérité, queftion de favoir fi notre faculté de fentir & de penfer doit être cherchée dans la fituation, la ftructure, l'ordre & l'harmonie des parties conftitutives du corps; c'eft ce que nous avons rejetté com-

I

me impoffible, fans déroger à la Toute-puiffance &
à la fageffe de Dieu. Mais peut-être cette faculté
penfante eft-elle une des activités du compofé, comme la force du mouvement, de l'extenfion, de la
cohéfion, &c. qui, quoique effentiellement différentes de la fituation & de la ftructure des parties, ne
fe rencontrent que dans le compofé. N'eft-ce pas
là, mon cher Simmias, le feul doute que nous com-
battons?

„ Précifément!"

Pofons donc ce cas, continua Socrate, & admet-
tons que notre ame eft une activité du compofé.
Nous avons trouvé que toutes les activités du compofé doivent dériver des forces des parties conftitutives. Ainfi fuivant notre fuppofition, ne faudra-t-il
pas que les parties conftitutives du corps penfant
aient des forces d'où réfulte dans le compofé la faculté de penfer?

„ Sans doute!"

Mais les forces de ces parties conftitutives, de
quelle nature les fuppoferons-nous? Seront-elles
femblables ou diffemblables à l'activité penfante?

Je ne comprends pas bien cette demande, répondit Simmias.

Une fyllabe ifolée, répondit Socrate, a ceci de
commun avec le difcours entier, qu'elle eft percep-
tible; mais le difcours entier a un fens, tandis que
la fyllabe n'en a point. Cela n'eft-il pas clair?

„ Oui,"

Quoique chaque syllabe n'excite qu'un sentiment distinct & vuide de sens, il vient néanmoins de leur ensemble un sens intelligible, qui agit sur notre ame. Ici l'activité du tout résulte des forces des parties qui lui sont dissemblables.

„ Cela s'entend!"

A l'égard de l'harmonie, de l'ordre, & de la beauté, nous avons remarqué la même chose : la satisfaction qu'ils operent dans l'ame, naît des impressions des parties constitutives dont chacune ne peut exciter ni contentement ni mécontentement.

„ Fort bien!"

Voici encore un exemple, que l'activité du tout peut naître des forces des parties constitutives qui lui sont dissemblables. La couleur, par exemple, peut être résolue en impressions qui n'ont rien de coloré. Et le mouvement même vient peut-être des forces primitives qui ne sont rien moins que mouvement.

Cela demanderoit d'être prouvé, dit Simmias.

Mais il n'est pas, dans ce moment, nécessaire que nous nous y arrêtions, reprit Socrate. Il suffit d'avoir expliqué par des exemples ce que j'entends par ces paroles : L'activité du tout peut naître des forces des parties qui lui sont dissemblables. Cela est-il clair maintenant?

„ Parfaitement!"

Ainsi, selon notre supposition, ou les forces des parties constitutives seroient elles-mêmes des forces représentatives, & par conséquent semblables à la

I 2

force du tout qui en doit réſulter: ou elles ſeroient de tout une autre nature, & par conſéquent diſſemblables. Peut-il y avoir un troiſieme cas?

„ Non!"

Mais pourras-tu me dire encore, s'il doit naître des forces ſimples une force différente d'elles dans le compoſé? Où cette force nouvellement produite pourra-t-elle ſe rencontrer? Hors de l'être penſant, les forces du tout ne ſont autres choſes que les forces individuelles des parties conſtitutives ſimples, telles qu'elles ſe changent & ſe reſtraignent les unes les autres par des actions & des réactions. Or par l'action & la réaction, jamais il ne réſultera une force qui ſoit diſſemblable à ces forces d'action & de réaction. Si donc nous voulons obtenir dans le tout quelque choſe de diſſemblable, il faut encore recourir à l'être penſant qui ſe repréſente les forces priſes enſemble & dans les différentes combinaiſons dont elles ſont ſuſceptibles, autrement qu'il les concevroit iſolées & ſans combinaiſon. Outre l'harmonie, on en voit auſſi un exemple dans les couleurs. Rapprochez deux couleurs différentes dans un eſpace ſi étroit que l'œil ne puiſſe pas les diſtinguer: hors de nous elles demeureront toujours encore ſéparées, & chacune ſubſiſtera en ſon particulier; mais néanmoins notre ſentiment intérieur s'en compoſera une troiſieme qui n'a rien de commun avec celles-là. Il en eſt de même du goût &, ſi je ne me trompe pas, de notre tact & de nos ſentiments en général. Ils ne peuvent pas à la vérité en eux-mêmes devenir, par la compofition & la combinaifon, différents de ce qu'ils font; mais ils peuvent bien paroître, à l'être penfant qui ne peut les diftinguer clairement, autres qu'ils ne lui paroîtroient fans combinaifon.

On peut accorder cela, dit Simmias.

L'être penfant peut-il donc avoir fon origine dans les forces qui ne font pas penfantes?

« Cela ne fe peut pas, puifque nous avons vu précédemment que la faculté de penfer ne peut pas avoir fon origine dans un Tout compofé de parties. »

Fort bien, dit Socrate; la réunion des forces d'où doit naître une force diffemblable du compofé, fuppofe un être penfant à qui elles paroiffent autres dans la combinaifon, qu'elles ne font en elles-mêmes. Il eft donc impoffible que l'être penfant naiffe de cette réunion & de cette combinaifon. Si donc le fentir & le penfer, en un mot, le repréfenter doit être une force du compofé, ne faudra-t-il pas que les forces des parties intégrantes foient femblables à la force du tout, & par conféquent auffi des forces repréfentatives?

« Comment cela pourroit-il être autrement, puifqu'un troifieme cas n'eft pas poffible? »

Et les parties de ces parties, en pouffant cette divifibilité jufqu'où elle peut aller, ne faut-il pas qu'elles aient auffi de ces activités repréfentatives?

« Sans conteftation! vû que chaque partie intégrante eft à fon tour un tout compofé de parties plus petites, & que notre raifonnement peut être continué jufqu'à ce que nous parvenions à des parties élémentaires fimples. "

Mais maintenant, mon cher Simmias, ne conviens-tu pas qu'il y a dans notre ame, une quantité prefqu'infinie d'idées, de connoiffances, de penchants, de paffions, qui nous occupent fans ceffe?

„ Vraiment!"

Mais fi l'ame étoit compofée de parties, où fe trouveroient toutes fes différentes affections? Ne faudroit-il pas, ou qu'elles fuffent difperfées chacune dans une partie différente, fans être jamais répétées, ou qu'il y ait une de ces parties qui réunît & comprît toutes ces affections?

Il faut néceffairement l'un ou l'autre, répondit Simmias; & à ce qu'il me femble, le premier cas pourroit bien être impoffible; car toutes les repréfentations ou inclinations de notre ame font fi intimement liées & réunies, que de toute néceffité elles doivent exifter fans féparation quelque part.

Tu viens à grands pas au devant de moi, mon cher Simmias. Nous ne pourrions ni nous fouvenir, ni réfléchir, ni comparer, ni penfer, même nous ne ferions pas la même perfonne que nous avons été un moment auparavant, fi nos idées étoient partagées entre plufieurs parties, & fi elles ne fe trouvoient pas quelque part raffemblées dans une liaifon intime. Il faut donc admettre au moins une feule fubftance qui réunit toutes les idées des parties intégrantes: & cette fubftance pourra-t-elle être compofée de parties?

„ Cela n'est pas possible ; parce qu'autrement il faudroit encore un assemblage & une comparaison, afin que des parties il résulte un tout ; & nous nous retrouverions d'où nous sommes partis. "

Elle sera donc simple ?

„ Nécessairement ! "

Et aussi sans étendue ? Car l'étendue est divisible, & le divisible n'est pas simple.

„ Rien n'est plus vrai ! "

Il y a donc dans notre corps au moins une seule substance qui n'est ni étendue, ni composée, mais simple ; qui a une force représentative & qui réunit en elle toutes nos idées, tous nos desirs, tous nos penchants. Eh bien, qui nous empêche de donner à cette substance le nom d'ame ?

Il importe peu quel nom nous lui donnions, mon digne ami, répondit Simmias ; il suffit que mon objection n'ait pas lieu à son égard, & que tous les raisonnements que tu as faits pour prouver l'indestructibilité de l'être pensant, soient maintenant solidement établis.

Il y a encore une chose à considérer, repliqua Socrate. S'il y avoit plusieurs de ces substances dans un corps humain, & même si nous voulions prendre tous les éléments primitifs de notre corps pour des substances de cette nature : mes raisons pour l'incorruptibilité de l'ame perdroient-elles la moindre chose de leur solidité ? Ou bien une telle supposition ne nous obligeroit-elle pas plutôt, au lieu d'un seul esprit incorruptible, d'en admettre plusieurs, & par conféquent d'accorder plus que nous ne demandions pour notre but? Car chacune de ces fubftances comprendroit, comme nous venons de voir, l'enfemble de toutes les repréfentations, de tous les fouhaits & de tous les defirs de l'homme; & de cette maniere, quant à l'étendue de la connoiffance, leur force ne pourroit être plus bornée que celle du tout.

„ Il feroit impoffible qu'elle fût plus bornée."

Et quant à la clarté, la vérité, la certitude & la vie de la connoiffance; qu'on place plufieurs idées confufes, défectueufes & vagues, les unes à côté des autres: en naîtra-t-il une idée lumineufe, complette & déterminée?

„ Cela ne paroît pas."

A moins qu'il ne furvienne un efprit qui les compare & s'en forme, par la réflexion & la méditation, une connoiffance plus parfaite, elles ne cefferont pas dans toute l'éternité d'être un amas d'idées confufes, défectueufes & vagues.

„ Affurément!"

Il faudroit donc que les parties intégrantes de la matiere penfante euffent des repréfentations auffi claires, auffi vraies, auffi parfaites, que celles du tout; car il n'eft pas poffible que par voie de compofition, il puiffe jamais réfulter, d'idées confufes, défectueufes & vagues, une connoiffance qui ait un plus haut degré de perfection.

„ Inconteftablement!"

Mais n'eſt-ce pas admettre, ſans néceſſité, une infinité d'eſprits raiſonnables, au lieu d'un ſeul que nous voulions placer dans le corps humain?

„ Vraiment!"

Et ces ſubſtances penſantes ſans nombre n'auront pas, apparemment, toutes le même degré de perfection; car de pareilles multiplications inutiles n'ont pas lieu dans cet Univers ſi bien ordonné.

„ La haute perfection du Créateur ne nous permet pas d'en douter."

Donc parmi les ſubſtances penſantes que nous avons dans le corps humain, il y en aura une plus parfaite que les autres, ſuſceptible des idées les plus claires & les plus lumineuſes. Ne le crois-tu pas de même?

„ Sans doute!"

Cette ſubſtance ſimple qui n'eſt pas étendue, qui a des facultés repréſentatives, qui eſt la plus parfaite parmi les ſubſtances penſantes qui habitent en moi, & qui comprend toutes mes idées dans la même clarté, la même vérité, la même certitude, n'eſt-elle pas mon ame?

„ C'eſt elle-même, mon cher Socrate!"

Maintenant, mon ami, il eſt temps de jetter un coup-d'œil derriere nous, ſur le chemin que nous venons de parcourir. Nous avons ſuppoſé que la faculté de penſer étoit une propriété du compoſé; &, quelle merveille! cette propoſition même nous fait trouver, par une ſuite de raiſonnements, la propoſition directement oppoſée, ſavoir qu'il faudroit que

le fentiment & la penfée fuffent néceffairement des
propriétés du fimple, & non du compofé: n'eft-ce
pas une preuve fuffifante que cette fuppofition eft
impoffible, qu'elle fe contredit elle-même, & que
par conféquent elle doit être rejettée?

„ Perfonne n'en peut douter!"

Extenfion & mouvement, continua Socrate, voilà
les idées élémentaires, dans lefquelles, comme nous
l'avons vû, on peut réfoudre tout ce qui peut convenir au compofé. L'extenfion eft l'élément, & le
mouvement eft la fource d'où les changements tirent
leur origine. L'une & l'autre fe montrent dans la
compofition fous mille formes variées, & préfentent
dans la nature corporelle la chaîne infinie des ftruc-
tures merveilleufes, depuis le plus petit atôme, jufqu'à cette magnificence des fpheres céleftes que les
poëtes regardent comme le fiege des Dieux. Toutes
ces différentes conformations ont ceci de commun,
que leur élément eft extenfion, & leur activité mouvement. Mais appercevoir, comparer, raifonner,
defirer, vouloir, fentir, jouir & fouffrir, tout cela
demande une autre efpece d'extenfion & de mouvement, des éléments d'une nature différente, & une
autre fource de changements. Ici il faut que dans
une fubftance fimple, il fe faffe une repréfentation
de chofes diftinctes & féparées, un affemblage de
parties pofées les unes hors des autres, une comparaifon de ce en quoi les chofes conviennent ou diffè-
rent. Ce qui dans le vafte efpace du monde corporel eft difperfé, fe refferre ici comme dans un point

pour faire un tout, & ce qui n'eſt plus, eſt mis
dans le moment préſent en parallele avec ce qui ſera.
Ici je ne reconnois ni extenſion, ni couleur, ni
mouvement, ni eſpace, ni temps, mais un être intérieurement actif, qui ſe repréſente, qui combine,
ſépare, rapproche, compare l'extenſion & la couleur, le repos & le mouvement, l'eſpace & le
temps, qui choiſit & qui eſt ſuſceptible de mille autres qualités qui n'ont pas le moindre rapport à l'extenſion & au mouvement.    Plaiſirs & déplaiſirs, déſirs & averſions, eſpérance & crainte, félicité &
miſere, toutes ces choſes ne ſont pas des mutations
locales de petits atômes.    La modeſtie, l'humanité,
la bienveillance, les charmes de l'amitié, & le ſentiment ſublime de la crainte de Dieu ſont quelque
choſe de plus que l'ébullition du ſang & le battement des arteres, dont ils ſont d'ordinaire accompa-
gnés.    Des choſes de ſi différente nature, mon cher
Simmias, de ſi différentes propriétés ne peuvent,
ſans une extrême inadvertance, être confondues.

Je ſuis pleinement ſatisfait, répondit Simmias.

Encore une remarque, reprit Socrate, avant d'en
venir à l'objection de Cébès.    La premiere choſe
que nous ſavons du corps & de ſes propriétés, eſt-
ce quelque choſe de plus que la maniere dont il ſe
préſente à nos ſens?

„ Explique-toi, mon cher Socrate! "

L'étendue & le mouvement ſont les repréſenta-
tions qu'a l'être penſant de ce qui exiſte hors de
lui.  N'en conviens-tu pas?

„ Sans aucun doute !

Il se peut que nous ayions les plus sortes raisons d'être persuadés que les objets extérieurs sont précisément tels, qu'ils nous paroiffent être sans obstacle: mais malgré cela, la repréfentation qui s'en fait dans l'esprit, précede, & l'affurance que l'objet en est réel, ne vient qu'après.

Comment la chose pourroit-elle être autrement? répondit Simmias ; puisque nous ne pouvons être avertis de l'existence des objets extérieurs que par l'impreffion qu'ils font fur nous.

Ainsi dans la gradation d'une connoiffance quelconque l'être penfant précede, & l'être étendu fuit. Nous éprouvons d'abord qu'il existe des idées, & par conféquent un être concevant; & c'est de ces idées que nous concluons l'existence réelle du corps & de ses propriétés. Nous pouvons aussi nous convaincre de cette vérité par la confidération que le corps, comme nous l'avons vu tantôt, sans l'opération de l'être penfant, ne feroit pas un tout, & que le mouvement même, sans la comparaison du paffé avec le préfent, ne feroit pas mouvement. Ainsi de quelque côté que nous confidérions la chose, l'ame avec ses opérations se préfente toujours à nous la premiere, & enfuite vient le corps avec ses changemens. Le concevant précede toujours ce qui n'est que concevable.

Cette notion, dit Cébès, me paroît fertile, mes amis.

Nous pouvons, pourſuivit Socrate, diviſer toute
la chaîne des êtres, depuis l'infini juſqu'au plus petit
atôme, en trois anneaux. Le premier comprend,
& ne peut être compris par les autres; c'eſt le ſeul
dont la perfection ſurpaſſe toutes les idées finies.
Les eſprits & les ames créés font le ſecond; ils
comprennent, & peuvent être compris par d'autres.
Le monde corporel fait le dernier chaînon; il ne
peut qu'être compris par d'autres, & ne peut lui-
même comprendre. Nous ne parvenons à la connoiſſance des objets de ce dernier chaînon qu'à l'aide de
la repréſentation qui s'en fait dans l'eſprit; nous ne
pouvons donc être aſſurés de leur exiſtence, que
nous ne le ſoyons d'abord de celle de l'être penſant.
Il eſt donc clair que la certitude de l'exiſtence des
corps ſuppoſe l'exiſtence des eſprits. Ne convien-
drons-nous pas de ce principe?

Il le faut bien, dit Simmias, après avoir été obligé d'accorder tout ce qui a précédé.

Et cependant, continua Socrate, l'opinion des
hommes prend ordinairement le chemin contraire de
cet ordre. La premiere choſe dont nous croyons
être ſûrs, c'eſt de l'exiſtence des corps & de leurs
changements; ceux-ci s'emparent ſi fort de tous nos
ſens que, pendant quelque temps, nous regardons
la matiere comme la ſeule choſe exiſtante dans la
nature, & nous allons même juſqu'à regarder tout le
reſte comme des propriétés de cette même matiere.

Je ne ſuis pas fâché, dit Simmias, que toi-même,
comme tu l'inſinues aſſez clairement, tu ayes été
obligé de revenir ſur tes pas.

Oui, mon cher Simmias, reprit Socrate; les premieres opinions de tous les mortels fe reſſemblent. C'eſt-là la rade d'où ils mettent tous à la voile. Ils errent cherchant la vérité fur la mer des opinions, juſqu'à ce que la raiſon & la méditation enflent favorablement leurs voiles & leur annoncent un heureux débarquement. La raiſon & la méditation ramenent notre eſprit, des impreſſions fenſuelles du monde corporel, dans ſa patrie, dans l'empire des êtres penfants : d'abord chez ſes ſemblables, chez des êtres créés qui, parce qu'ils ſont bornés par leur nature, peuvent être conçus & clairement compris par d'autres. De ceux-ci elles l'élevent à cette ſource primitive du concevant & du concevable, à cet Etre qui comprend tout, mais qui eſt incompréhenſible à tous, dont nous favons pour notre confolation, que tout ce qui eſt bon, beau & parfait dans le monde corporel & ſpirituel, tient de lui ſon exiſtence & ſa conſervation. Etre convaincus, pénétrés au fond de notre ame, de cette vérité, c'eſt la ſource de tout ce qu'il faut pour notre repos, pour notre félicité, dans cette vie & dans l'autre.

*Fin du ſecond Entretien.*

## TROISIEME ENTRETIEN.

Apres quelques moments de filence, Socrate, fe tournant vers Cébès, dit : Mon cher Cébès, depuis que tu t'es formé des idées plus juftes de l'effence des immortels, que penfes-tu des poëtes, qui fouvent font un Dieu envieux des mérites d'un mortel, & le repréfentent comme fon ennemi, fans autre motif qu'une pure jaloufie ?

„ Tu fais, Socrate, ce que nous avons appris à penfer d'eux & de leurs fictions. ”

La haine & la jaloufie, ces paffions baffes qui déshonorent la nature humaine, ne font-elles pas incompatibles avec la Sainteté divine ?

„ Affurément ! ”

Tu crois donc, fans héfiter, que les hommes ne peuvent pas être l'objet de la haine de cet Etre très faint qui nous a créés, qu'il ne leur porte pas envie, qu'il ne les perfécute pas, mais qu'au contraire il les aime tendrement ?

„ J'en fuis perfuadé ! ”

Dans cette perfuafion, dois-tu craindre que le Très-haut t'ait réfervé à des tourments éternels, quelle qu'ait été ta conduite ?

Non, non, s'écria Apollodore, à qui la demande n'étoit pas adreffée.

Cette crainte, répondit Cébès, feroit injurieufe à la Divinité.

L'idée que nous avons de Dieu, pourſuivit Só-
crate, ne nous permet donc point de croire qu'il ait
deſtiné le genre humain à une éternelle miſere. .
Donc toutes les fois qu'il eſt queſtion de choſes
futures qui dépendent uniquement de la volonté de
Dieu: pour parvenir à quelque certitude, ce n'eſt
pas d'après la nature & les propriétés des objets
créés qu'il faut raiſonner, mais d'après l'idée que
nous avons des perfections divines. Donc dans l'examen de la deſtination des êtres créés, on ne doit
admettre pour vrai que ce qui eſt conforme aux
attributs de l'Etre ſuprême; & tout ce qui eſt incompatible avec ces mêmes attributs, doit être rejetté & regardé comme auſſi impoſſible que s'il ré-
pugnoit à la nature & à l'eſſence de la choſe dont
il s'agit. Ce principe établi, voyons maintenant,
mon cher Cébès, ce que nous pourrons répondre à
ton objection.

Tu conviens, mon ami, que l'ame eſt un être
ſimple, qui a ſon exiſtence particuliere indépendamment du corps: n'eſt-ce pas?

„ Oui!"

Tu conviens en outre qu'elle eſt incorruptible?

„ J'en ſuis convaincu!"

Mais tes doutes roulent ſur le ſort futur de l'eſprit humain, qui, à certains égards, dépend de la
volonté de ſon Créateur. Laiſſera-t-il, pendant toute l'éternité, ſubſiſter l'eſprit de l'homme avec la
conſcience de ſon exiſtence individuelle, le ſouvenir
du paſſé & du préſent; ou l'a-t-il deſtiné à tomber,

après

après la féparation du corps, dans un état femblable à celui du fommeil, & à ne fe réveiller jamais? N'eft-ce pas là ce qui te paroiffoit encore incertain?

„ C'eft cela même, Socrate!"

Le fommeil, la défaillance, le vertige, &c. nous apprennent que l'ame peut être privée, du moins pour quelque temps, de tout fouvenir & de toute perception claire. Mais l'ame eft alors attachée à fon corps, & ne peut que fe conformer à la conftitution du cerveau qui, dans toutes ces circonftances, ne lui offre que des traits imperceptibles & prefque effacés. On ne peut donc tirer de-là aucune conféquence touchant fon état après fa féparation d'avec le corps; le commerce entre ces deux différents êtres eft aboli, le corps ceffe d'être le feul organe de l'ame, qui fe trouve alors néceffitée de fuivre d'autres loix.

„ Mais ne fuffit-il pas, pour notre incertitude, que l'abfence de toute perception claire, comme cela arrive dans le fommeil, ne foit pas incompatible avec la nature de l'efprit?"

Cette crainte, fans doute, ne paroît pas tout-à-fait deftituée de fondement; mais ne ferons-nous pas délivrés de ce doute formidable, fi nous pouvons nous convaincre que cet état de l'ame, après la mort, feroit contraire aux vues de la Divinité, & qu'elle ne peut pas plus le vouloir que le malheur éternel de fes créatures?

„ Affurément! & quand je t'ai propofé mes doutes, mon cher Socrate, j'ai moi-même indiqué quelques raifons, empruntées des vues du Créateur, qui donnent à ton fyftéme la plus grande probabilité. Mais je fuis curieux, ainfi que mes amis, de t'en entendre établir les preuves. "

Je vais, fi je puis, effayer de vous fatisfaire. Ré- ponds-moi, Cébès! Lorfque tu crains que la mort ne t'enleve jufqu'au fentiment de ton exiftence in- dividuelle, penfes-tu qu'un fort fi trifte menace la totalité, ou feulement une partie du genre humain? La mort doit-elle nous plonger tous, tant que nous fommes, dans un fommeil éternel? ou quelques-uns des habitants de la terre font-ils deftinés à jouir de l'immortalité? Et fi une vie immortelle eft réfervée à une partie des hommes, cette félicité fera fans doute le partage des juftes, des amis des Dieux?

„ Non, mon cher Socrate, les Dieux ne diftri- buent pas la mort de l'ame auffi injuftement que les Athéniens celle du corps. D'ailleurs j'imagine que, dans le plan le plus fage de la création, des êtres femblables doivent avoir une femblable deftination; & que par conféquent un même fort doit, après cet- te vie, attendre tout le genre humain. Ou tous les hommes paffent de cette vie dans une autre, & alors Anitus & Mélitus ne pourront plus douter que le fort qui attend l'innocence opprimée, ne foit meil- leur que celui qui eft réfervé à fes perfécuteurs; ou tous finiffent leur deftination avec cette vie, & ren- trent dans l'état d'où ils ont été tirés à leur naiffan- ce: leurs rôles ne s'étendant pas au-delà de la fcene de cette vie, à la fin les acteurs fortent & vont de nouveau s'unir à la maſſe commune des êtres: mais je ſens, mon ami, que ce ſyſtême révoltant conduit à des abſurdités manifeſtes, & je m'abſtiendrai de ſuivre plus loin ces extravagantes idées."

Il n'eſt pas inutile, mon cher Cébès, de les expoſer, pour mieux en faire ſentir le faux: nos ſoins doivent auſſi s'étendre à ceux qui ne rougiſſent pas d'une conféquence abſurde. Des êtres ſemblables, as-tu dit, doivent avoir des deſtinations ſemblables?

„ Oui!"

Tous les êtres créés & ſuſceptibles de penſer & de vouloir, ſont ſemblables?

„ Sans doute!"

Quand même l'un penſeroit plus juſte, plus vrai, & embraſſeroit plus d'objets que l'autre: puiſqu'il n'y a point de limites qui les ſéparent en différentes claſſes, & qu'ils s'élevent en degrés imperceptibles les uns ſur les autres & ne conſtituent qu'une ſeule eſpece. N'eſt-ce pas?

„ Cela doit être accordé."

Et s'il y a au-deſſus de nous des eſprits encore plus élevés qui ſe ſurpaſſent les uns les autres en degrés de perfection imperceptibles, & approchent peu-à-peu de l'Eſprit infini: n'appartiennent-ils pas tous, tant qu'il y en a de créés, à une ſeule eſpece?

„ Cela eſt vraiſemblable!"

Comme leurs propriétés ne different pas eſſentiellement, s'élevant ſeulement peu-à-peu en degré comme dans une ſérie continue: il faut auſſi que

leurs deftihations foient femblables quant à l'effen-
tiel, & qu'elles ne different qu'en degrés imperceptibles. Car dans le grand plan de la création tout
eft ordonné d'après les regles de la plus parfaite
harmonie. C'eft pourquoi les deftinations des êtres
doivent exactement s'accorder avec les perfections
& les attributs de ces mêmes êtres. Pouvons-nous
avoir des doutes là-deffus?

„ Aucunement!"

O mes amis! la queftion que nous examinons
commence à devenir infiniment intéreffante. Ce
n'eft plus le feul genre humain, c'eft tout l'empire
des êtres penfants que fa décifion regarde. Sont-ils
tous deftinés à l'immortalité, doivent-ils avoir éternellement la confcience de leur individualité, le fentiment diftinct d'eux-mêmes? ou ces bienfaits du
Créateur ceffent-ils après une courte jouiffance, &
font-ils place à un éternel oubli? C'eft dans cette
univerfalité que la queftion doit avoir été décidée
dans les décrets de l'Etre fuprême: n'eft-ce pas
fous ce même point de vue que nous devons la confidérer?

„ Cela me femble ainfi."

Mais plus l'objet devient général, pourfuivit Socrate, plus notre appréhenfion devient ridicule.
Tous les efprits finis ont des qualités innées, qu'ils
développent & perfectionnent par l'ufage. L'homme
cultive fa faculté innée de fentir & de penfer avec
une célérité étonnante. Chaque fentiment lui amene
une foule de connoiffances que la langue humaine ne

sauroit énoncer; & lorsqu'il met ses sentiments en
parallele, c'est-à-dire, lorsqu'il compare, juge, rai-
sonne, choisit, rejette, &c. ses connoissances se
multiplient à l'infini. En même temps une activité
continuelle développe les facultés innées de son esprit & forme en lui l'imagination, l'entendement, la
raison, l'invention, le sentiment du beau & du bon,
la générosité, l'humanité, la sociabilité, & toutes
ces autres perfections qui font sur la terre la gloire
& la félicité des mortels, & qu'ils ne peuvent s'empêcher d'acquérir. Si nous regardons quelques hommes comme stupides, insensés, fourbes, cruels, &c.
ces dénominations ne peuvent être fondées que par
comparaison : il n'a pas encore existé un stupide qui
n'ait fait briller quelques lueurs de raison, ni un tyran qui n'ait nourri dans son sein une étincelle d'humanité. Nous acquérons tous les mêmes qualités;
& ces qualités font plus ou moins développées, acquierent plus ou moins de perfection, en raison de
l'exercice des facultés propres à les faire éclorre.
Mais seroit-il naturel de prétendre que ces perfections acquises, semblables à l'écume légere sur l'eau,
ou au trait qui traverse les airs, ne laisseroient,
comme eux, aucune trace de leur existence ? Quoi !
le plus petit atome ne peut s'anéantir dans la nature : & ces perfections divines disparoîtroient à jamais ? elles seroient sans suites & sans utilité pour
les êtres qui les ont possédées, & comme si elles
ne leur eussent jamais appartenu ? Quelle idée cette
opinion suppose de la création ! Mais dans ce plan

où l'on voit briller par-tout la fageffe du Créateur, le bien eft d'une utilité infinie, chaque perfection a des fuites fans fin, j'entends dans les êtres fimples; car les perfections qu'on peut remarquer dans les êtres compofés, font changeantes & périffables comme les chofes auxquelles elles font inhérentes. Pour me faire mieux entendre, mes amis, je crois devoir confidérer encore la différence qu'il y a entre le fimple & le compofé. Sans relation au fimple, c'eft-à-dire, fans relation aux êtres penfants, on ne peut, comme nous en fommes déja convaincus, attribuer au compofé ni beauté, ni ordre, ni harmonie, ni perfection; on ne peut même, fans ce rapport, les raffembler pour en faire des tous. Auffi dans le grand plan de cet univers, les compofés ne font-ils pas produits pour eux-mêmes: ils font fans vie, & n'ont pas la confcience de leur exiftence propre: ils ne font d'eux-mêmes fufceptibles d'aucune perfection. Le but de leur exiftence ne s'apperçoit que dans la partie vivante de la création. L'inanimé fert au vivant d'organes de fenfations, & lui procure, avec le fentiment fenfuel de nombre de chofes, les idées de beauté, d'ordre, de proportion, de moyen, de fin, de perfection, ou du moins le cannevas de toutes ces idées, qu'enfuite l'être penfant fe forme en lui-même, en vertu de fon activité interne. Dans le compofé nous ne trouvons rien qui fubfifte par lui-même, rien qui dure & qui foit de quelque ftabilité, au point qu'on puiffe dire dans le fecond moment qu'il eft encore le même.

Dans le temps que je fuis à vous regarder, mes amis, non-feulement la lumiere qui fe réfléchit fur vos vifages, eft dans un courant continuel, mais vos corps mêmes fouffrent, dans leur conformation & dans leur compofition intérieures, des changements fans nombre : toutes les parties en ont ceffé d'être les mêmes : elles fuivent un irréfiftible torrent de mouvements, par lequel les êtres compofés font continuellement engendrés & diffouts. Homere, en nommant l'Océan le pere, & Thétis la mere de tous les êtres, a voulu fignifier par-là que toutes les chofes, dans le monde vifible, naiffent & meurent par une viciffitude continuelle, & ne demeurent, comme dans une mer qui roule fans ceffe fes flots, jamais au même endroit.

Or fi le compofé n'eft pas lui-même fufceptible de durée, fes perfections feront bien plus fugitives encore, elles qui ne peuvent lui être attribuées que par relation aux êtres penfants. Auffi voyons-nous dans la création inanimée le beau fleurir & fe faner, le parfait périr & reparoître fous une forme nouvelle, le défordre apparent & la régularité, l'harmonie & la diffonance, l'agréable & le rebutant, le bon & le mauvais, fe fuccéder alternativement dans une variété infinie, fuivant que l'exige l'ufage, l'utilité, le plaifir & le bonheur des êtres vivants, en faveur defquels ceux-là ont été produits.

On peut diftinguer, dans la partie vivante de la création, deux claffes d'êtres, les uns feulement capables de fenfations, & les autres fufceptibles de

fenfations & de penfées. Mais les uns & les autres
font d'effence durable, peuvent avoir une perfection
interne, fubfiftante par elle-même, & dont ils jouis-
fent. Nous obfervons, dans tous les animaux qui
vivent fur la terre, que leurs fenfations, leurs connoiffances, leurs defirs, s'accordent merveilleufe-
ment avec leurs befoins & vifent tous à leur confervation, leur utilité, leur propagation, & en partie
auffi au bien-être de leurs defcendants. Cette harmonie fe trouve dans leur intérieur; car toutes ces
fenfations font des propriétés de l'être fimple & in-
corporel qui, en eux, a la confcience de foi-même,
& de l'exiftence des objets qui agiffent fur fes organes. Ainfi les animaux font fufceptibles d'une vraie
perfection, qui a en elle-même fes parties conftitutives & fa durée. Si c'eft en partie pour eux qu'exiftent les chofes inanimées, afin qu'ils puiffent trouver, fur la terre, leur fubfiftance & tout ce qui eft
néceffaire à leur confervation: de leur côté ils font
auffi fufceptibles de jouir de ces bienfaits, de fentir
le plaifir & la douleur, le bien-être & l'infortune,
ils font capables d'amour & de haine, & peuvent
devenir intérieurement parfaits ou imparfaits. Si les
êtres inanimés font les moyens dont le Créateur s'eft
fervi pour l'exécution de fes deffeins, on ne peut
pas douter que les animaux ne faffent partie de fes
fins: car c'eft pour eux qu'une partie de l'inanimé
a été créée, & le principe qui les anime, eft capable de jouir, & par-là de parvenir à une certaine
perfection. Mais nous ne remarquons en eux aucune

marche progreffive vers un plus haut degré de per-
feçtion. Sans inftruçtion, fans réflexion, fans exercice, fans deffein & fans envie d'apprendre, ils reçoivent immédiatement, pour ainfi dire, de la main du
Tout-puiffant les talents, l'habitude, & les penchants qui leur font néceffaires pour fe conferver &
fe multiplier; mais le principe qui les fait agir femble incapable de perfeçtibilité. Ils font en naiffant
tout ce qu'ils peuvent être & tout ce qu'ils devien-
droient quand même ils vivroient plufieurs fiecles &
fe multiplieroient à l'infini. Ils font auffi incapables
de perfeçtionner, de détériorer & de communiquer
à d'autres ce qu'ils ont acquis; ils le font valoir de
la maniere qui leur eft innée, tant que cela eft convenable à leur fituation, & paroiffoient enfuite l'oublier d'eux-mêmes. On peut bien les dreffer à la
guerre ou à quelques exercices domeftiques; mais
par la maniere même dont ils reçoivent cette inftruçtion, ils font affez voir que le degré de capaci-
té qu'ils apportent avec eux en naiffant, eft auffi
leur dernier but; que d'eux-mêmes ils n'afpirent
point à aller plus loin & qu'ils ne font jamais intérieurement excités à entreprendre autre chofe que ce
qu'ils ont toujours fait. Cette indifférence de leur
part pour s'élever à un plus haut degré de perfection, ces bornes qui femblent être prefcrites à leur
intelligence, annoncent qu'ils ne font entrés dans le
plan de la création que comme des êtres fubordon-
nés, mais que comme tels, ils font des moyens propres à aider des êtres d'une deftination plus noble &

plus fublime à remplir les fins fuprêmes de la Divinité: Mais en eux la fource de la vie & des fentiments eft un être fimple, fubfiftant par lui-même,
& qui au milieu de tous les changements qu'il
éprouve dans le cours de la vie, a quelque chofe
de conftant & de durable; & les qualités que cet
être a une fois acquifes, foit par fon application,
foit immédiatement de la main du Créateur, doivent avoir des fuites permanentes & ne peuvent
jamais difparoître par des voies naturelles. Comme
cet être fimple ne peut pas ceffer d'être naturellement, puifqu'il eft impoffible qu'une fubftance paffe
jamais de l'être au néant, il doit donc continuer
de concourir à l'exécution du grand deffein de fon
auteur. Cela eft conforme à la fageffe infinie avec
laquelle le plan de cet univers a été dreffé dans le
confeil des Dieux. Il n'y a point d'être dans la
nature, qui ne faffe de continuels efforts pour remplir certaines vues de ce plan; à chaque fubftance
eft prefcrite une férie infinie de fonctions qu'elle
doit fucceffivement remplir: & chaque occupation
la difpofe & la prépare à celle qui doit la fuivre.

Dans ce vafte univers, les fubftances raifonnables
occupent la principale place; c'eft ainfi que nous
voyons l'homme en fon particulier tenir fur la terre
le premier rang. C'eft pour l'homme que la terre
nouvellement éclofe parut dans fa beauté printanie-
re: c'eft pour lui que les chofes inanimées réunif-
fent l'agréable & l'utile. Il paroît d'abord fur le
théâtre du monde fans habileté, fans inftinct, fans

adreſſe innée, ſans armes pour ſa défenſe: & à ſa premiere ſcene il eſt plus indigent & plus dépourvu de ſecours que l'animal privé de raiſon. Mais ſuſceptible de perfectibilité, il naît avec les diſpoſitions les plus ſublimes-dont une ſubſtance créée puiſſe être capable. A peine jouit-il de la lumiere du ſoleil, que toute la nature travaille déja à le rendre plus parfait. Tous les objets qui l'environnent conſpirent à développer ſes qualités intellectuelles: les uns aiguiſent ſes ſens, ſon imagination, ſa faculté de ſe reſſouvenir; les autres exercent ſa faculté de penſer, cultivent ſon entendement, ſa raiſon, & font éclorre ſon génie: le beau qu'offre à l'œil obſervateur le magnifique ſpectacle de la nature, forme ſon goût & raffine ſon ſentiment: le ſublime excite ſon admiration & éleve ſes idées au-deſſus de la ſphere de l'humanité. L'ordre, l'harmonie, & la ſymmétrie occupent, en le recréant, toutes les facultés de ſon ame, & leur donnent plus de reſſort & d'activité. Il entre enſuite dans la ſociété pour être utile à ſes ſemblables en travaillant à ſon propre bonheur; & bientôt ſe découvrent en lui des perfections qui juſques-là avoient été comme voilées. Il acquiert des devoirs & des droits, qui le placent dans la claſſe des êtres moraux. Peu à peu naiſſent & ſe développent en lui les idées de juſtice, d'équité, d'honneur, de conſidération, de réputation. Le penchant de l'amour, d'abord reſtraint à la famille, s'élargit & devient amour de la patrie & de l'humani-

té ; du germe inné de la compaſſion proviennent la
généroſité, la bienfaiſance & la grandeur d'ame.

C'eſt ainſi que l'homme acquiert inſenſiblement
toutes les vertus ſociales. Ces vertus le rendent ſen-
ſible aux charmes de l'amitié, intrépide dans le pé-
ril, infatigable dans la recherche de la vérité, &
répandent une alternative de gravité & d'enjoue-
ment, de mélancolie & de joie ſur toute la vie humaine : délices qui ſurpaſſent en douceur toutes les
voluptés dont on pourroit jouir dans la retraite. Et
voilà pourquoi la poſſeſſion de tous les biens de la
terre, la jouiſſance des plaiſirs les plus exquis nous
flatteroient peu, s'il falloit que nous les poſſédaſſions
dans la ſolitude, & qu'il nous fût impoſſible de pouvoir les faire partager ; & c'eſt encore pourquoi les
objets les plus ſublimes de la nature ne font pas ſur
l'homme une impreſſion auſſi agréable que la préſence d'un de ſes ſemblables.

L'homme parvient-il enfin à avoir de vraies idées
de Dieu & de ſes attributs ? C'eſt alors qu'il fait un
pas hardi vers une plus haute perfection. Il quitte
le commerce avec la créature, & recherche celui du
Créateur ; il apprend à connoître la relation qu'il y
a entre lui, le genre humain, les choſes animées &
inanimées d'une part, & entre l'Auteur & le Con-
ſervateur de toute la nature de l'autre : le grand ordre de cauſes & d'effets naturels devient pour lui
auſſi un ordre de moyens & de vues (a) : toutes

_____

(a) Les Athées conviennent bien que les choſes dans ce monde
ſont liées entr'elles comme *cauſes* & *effets* : mais ils nient que ce

ſes qualités intellectuelles, toutes ſes facultés, tous les bienfaits dont il jouit, il les reconnoît déſormais pour des dons de ſon Auteur: la beauté, l'harmonie, le bien, la ſageſſe, les moyens & les fins qu'il a remarqués dans le monde viſible & inviſible, il les conſidere comme des penſées de l'Architecte de l'Univers, qu'il ne lui laiſſe appercevoir dans le livre de la nature que pour le former à une plus haute perfection. L'homme alors connoît le prix des vertus, il ſait que ce ſont les degrés qui doivent le conduire à la félicité, & que par-là-même elles ſont les ſeuls moyens de plaire à la Divinité. Déſormais entiérement dévoué à ſon Créateur, il lui conſacre toutes les vertus de ſon cœur, qui à ſes yeux acquierent un éclat divin. Quelle hauteur l'homme dans cette ſituation a atteinte ſur la terre! Conſidérez ce citoyen zélé de la Cité de Dieu! toutes ſes penſées, ſes ſouhaits, ſes penchants, ſes affections, ſes paſſions viſent à la félicité de la créature & à la gloire du Créateur! Un être ſi parfait, objet de la complaiſance divine, doit être la derniere fin de la création.

Tous les traits de ce tableau ne regardent pas, à la vérité, l'homme en général, mais le petit nombre de ſages qui font l'ornement du genre humain, &,

---

rapport ſoit en même-temps une combinaiſon de *moyens* & de *fins*, ou que cet arrangement vienne de la diſpoſition d'un ſage Architecte. Pour enviſager la chaîne immenſe des cauſes & effets naturels ſous ce point de vue, il faut reconnoître un Dieu & en avoir des notions ſaines. *Le Traducteur.*

fi l'on veut, la ligne de féparation entre les hommes & les efprits d'un rang fupérieur. Cependant les uns & les autres appartiennent tous à la même claffe. Depuis l'homme le plus ignorant jufqu'au plus parfait des efprits créés, tous ont une deftination digne de la fageffe divine, & toujours proportionnée aux forces & aux facultés qu'ils ont de travailler à leur perfection & à celle des autres. Ce chemin leur eft tracé, & la volonté la plus perverfe eft, en quelque maniere, forcée de le parcourir. Tous les êtres penfants ne peuvent fe difpenfer d'exercer leurs facultés intellectuelles, de les développer de plus en plus, & par conféquent de tendre avec différent fuccès à la perfection. Mais arrivent-ils enfin à ce terme fi defiré? On peut dire qu'ils n'y arrivent jamais fi parfaitement qu'ils ne puiffent toujours faire des progrès ultérieurs. Il eft impoffible que des fubftances créées atteignent jamais à une perfection infinie. A mefure qu'elles montent, elles apperçoivent des lointains qui aiguillonent leurs pas. Le terme de cet effort confifte, comme l'effence du temps, dans la progreffion. Par de continuels efforts pour resfembler à la Divinité, on s'approche infenfiblement de fes perfections, & c'eft dans cette approximation que confifte la félicité des efprits; mais le chemin qui y conduit eft infini, & les êtres créés ne peuvent jamais en atteindre le terme. Et c'eft la raifon pourquoi nos efforts dans la vie ne connoiffent point de bornes. Chacun de nos defirs fe perd en quelque maniere dans l'infini. Notre envie de favoir eft illimitée; notre ambition eſt inſatiable; même la baſſe avarice nous inquiete & nous tourmente ſans pouvoir jamais être ſatisfaite; le ſentiment du beau s'étend à l'infini; le ſublime nous ravit & nous attire par ſon immenſe élévation; la volupté nous dégoûte dès qu'elle touche aux limites de la ſatiété. Par-tout où nous voyons des bornes qu'il n'eſt pas poſſible de franchir, notre imagination ſe ſent comme en-chaînée, & les cieux mêmes ſemblent reſſerrer no-tre exiſtence dans des eſpaces trop étroits. Voilà pourquoi nous aimons tant à laiſſer un libre cours à notre imagination & à reculer à l'infini les bornes de l'eſpace. Ces efforts toujours renouvellés, & dont nous plaçons le but toujours plus loin, ſont propor-tionnés à l'eſſence, aux propriétés & à la deſtination des eſprits; & les merveilleux ouvrages de l'infini préſentent des objets d'une aſſez vaſte étendue pour aiguillonner éternellement nos deſirs. Plus nous pé-nétrons dans leurs myſteres, & plus il s'ouvre à nos regards avides des perſpectives immenſes; plus nous approfondiſſons, & plus nous trouvons à approfon-dir; plus nous jouiſſons, & plus la ſource de nos plaiſirs devient inépuiſable.

Nous ſommes donc, continua Socrate, bien fon-dés à croire, d'après cette tendance irréſiſtible des êtres raiſonnables à un état plus parfait, que leur perfection eſt la fin ſuprême de la création. Nous pouvons dire que cet immenſe Univers a été pro-duit, afin qu'il y ait des êtres raiſonnables qui puiſ-ſent s'élever de degré en degré, croître peu-à-peu en perfection, & trouver dans cet accroiſſement leur félicité.

Or que tous ces êtres enſemble s'arrêtent au milieu de leur courſe, que non-ſeulement ils s'arrêtent, mais qu'ils ſoient tout-à-coup repouſſés dans l'abîme, & qu'ils perdent tout le fruit de leurs efforts : c'eſt ce qui ne peut jamais être entré dans le plan de cet Univers, que le Créateur a préféré à tout autre. Comme êtres ſimples, ils ſont indeſtructibles ; comme ſubſtances dont l'exiſtence eſt indépendante des autres êtres créés, leurs perfections doivent être de durée, & avoir des ſuites infinies ; comme êtres raiſonnables, ils font de continuels efforts pour croître en perfection, & la nature, pour cette progreſſion ſans fin, leur offre d'aſſez ſublimes attraits ; & comme fin ſuprême de la création, ils ne peuvent être ſubordonnés à d'autres fins, ni par conſéquent être arrêtés dans la progreſſion ou dans la poſſeſſion de leurs perfections. Convient-il à la Sageſſe ſuprême de produire un monde pour y faire la félicité des eſprits qu'elle y place, en les rendant capables d'admirer ſes merveilles : & l'inſtant après les priver à jamais de cette même félicité ? Convient-il à la Sageſſe divine de faire d'un phantôme de bonheur, qui revient & ſe perd toujours, le dernier but de ſes merveilles ? Ce ne peut pas être en vain, ô mes amis, que l'Auteur de la nature nous a imprimé le deſir d'une félicité éternelle. Ce deſir peut être ſatisfait, & il le fera. Le deſſein de la création ne ſubſiſtera pas moins long-temps que les choſes créées.

créées. Les admirateurs des perfections divines fub-
fifteront auffi long-temps que l'ouvrage où ces perfections font visibles. De même que fur la terre
nous rempliffons les vues de l'Etre fuprême, en développant nos facultés intellectuelles, nous conti-
nuerons de même fous la garde de la providence divine dans l'autre vie, de nous exercer à la vertu,
de nous perfectionner, & de nous rendre fans ceffe
plus propres à remplir les vues de la Divinité, dont
la férie, en partant de nous, s'étend à l'infini.

Que le fort d'un mortel qui, par de malheureux
fophifmes, s'eft privé de l'attente confolante d'un
avenir, eft à plaindre! Il faut qu'il ne réfléchiffe jamais fur fon état, qu'il ne rentre jamais dans fon
propre cœur, qu'il s'efforce enfin de s'étourdir fur
fa deftination, pour ne pas fe livrer au défefpoir.
Eft-il rien de plus terrible pour l'ame humaine, que
l'anéantiffement? Quelle affreufe perfpective pour
l'homme qui voit ce terme fatal approcher, & qu'il
n'envifage point fans frémir! Dans la profpérité,
cette idée terrible fe gliffe entre les idées voluptueu-
fes comme le ferpent entre les fleurs, & empoifonne
la jouiffance de la vie: dans le malheur, elle acca-
ble l'homme abfolument fans reffource, en le privant
de la feule confolation qui peut adoucir fa mifere,
de l'efpérance d'un meilleur avenir. J'ofe le dire,
l'idée d'un prochain anéantiffement eft fi contraire à
la nature de l'ame humaine, & à toutes fes propriétés, que fous quelque point qu'on l'envifage, on

L

rencontre mille abfurdités & mille contradictions.
Que feroit-ce que cette vie, déja traverfée par de
cuifants chagrins, de foucis rongeurs, d'infirmités
fans nombre, fi fes moments agréables étoient encore empoifonnés par la crainte d'un anéantiffement
inévitable? Que feroit-ce qu'une durée d'hier &
d'aujourd'hui qui ne feroit plus demain? Ce ne feroit plus alors qu'une méprifable bagatelle, qui ré-
compenferoit très-mal de la peine, du travail & des
foins que nous employons à nous la procurer. Cependant cette bagatelle eft tout pour celui qui n'a
rien à efpérer. Suivant fa doctrine, il faudroit que
l'exiftence préfente fût pour lui le fouverain bien,
que la vie la plus douloureufe fût infiniment préférable à la mort, comme à l'anéantiffement total de
fon être. Mais dans cette fuppofition, quel motif
pourroit le déterminer, quelle confidération feroit
affez puiffante pour lui faire expofer fa vie au moindre danger? L'honneur & la réputation, repliquerez-
vous; mais ces ombres ne difparoiffent-elles pas,
lorfqu'il eft queftion de mettre avec elles en comparaifon des biens réels? — *Il s'agit du falut de fes enfants, de fes amis, de fa patrie?* — Et quand ce feroit du falut de tout le genre humain: la jouiffance
actuelle, quelque miférable & de quelque courte durée qu'elle foit, étant le feul bien qu'il peut jamais
efpérer, ne doit-elle pas lui paroître d'une importance infinie? Pourra-t-il donc jamais fe réfoudre à la
compromettre? Ce qu'il rifque ne peut nullement

être mis en comparaifon avec ce qu'il efpere obtenir : la vie doit être à fes yeux le feul bien précieux & defirable.

Mais n'a-t-on pas vu des efprits héroïques qui, fans être perfuadés de leur immortalité, ont facrifié leur vie pour la défenfe des droits de l'humanité, pour la liberté, la vertu & la vérité ? Affurément ; & même plufieurs l'ont expofée pour des raifons beaucoup moins louables. Mais c'eft le cœur, & non l'efprit, qui les a déterminés à cette action d'héroïfme : par-là ils agiffoient, fans le favoir, contradictoirement à leurs propres principes. Celui qui efpere une vie à venir, & qui fait que le but de fon exiftence eft d'approcher par d'infenfibles degrés de la perfection infinie, peut fe dire à lui-même : » Tu n'es ici-bas que pour tendre à la perfection en faifant le bien : tu peux donc le faire aux dépens de ta vie. La tyrannie menace-t-elle ta patrie de fa ruine, la juftice eft-elle en danger d'être violée, la vertu d'être opprimée, la religion & la vérité d'être perfécutées ? Fais de ta vie l'ufage pour lequel elle t'a été confiée : meurs, pour conferver au genre humain ces précieux moyens de la félicité publique ! Le mérite d'avoir fait le bien avec tant de réfigna-tion, donne à ton être un prix infini & à la fois d'u-ne durée infinie. Dès que la mort me donne ce que la vie ne peut donner, il eft de mon devoir, & c'eft ma vocation de mourir d'une maniere conforme à ma deftination. La vie n'a de prix & ne peut entrer en

comparaifon avec d'autres biens, que quand nous la
confidérons comme un moyen qui doit nous conduire à la félicité. Mais fi avec la vie nous perdons
auffi notre exiftence, elle ceffe d'être un moyen,
elle eft la fin & le dernier but de nos fouhaits, elle
eft le fouverain bien où nous puiffions afpirer, qu'on
recherche, qu'on aime, & qu'on defire pour lui-même. Aucun bien au monde ne peut lui être compa-
ré, & moins encore lui être préféré, puifqu'alors il
l'emporte, par fon importance, fur toute autre confidération.

Il m'eft donc impoffible de croire qu'un homme
pour qui tout finit avec cette vie, puiffe, d'après fes
principes, fe facrifier pour le bien de la patrie, ou
pour le genre humain. Je penfe que toutes les fois
que la confervation de la patrie exige indifpenfable-
ment qu'un citoyen perde la vie, ou s'expofe feulement à la perdre, il doit naître une güerre entre
l'Etat & le citoyen: & ce qu'il y a de plus fingulier,
une guerre qui des deux côtés eft jufte.

On ne peut nier que l'Etat ne foit en droit d'exiger de chaque citoyen de fe facrifier pour le bien
public. Mais le citoyen a le droit direƐtement oppofé, dès que la vie eft le fouverain bien: il peut,
fuivant fes principes, chercher la prolongation de
fes jours dans la ruine même de fa patrie. D'après
cette fuppofition, tout mortel a un droit bien décidé de bouleverfer le monde entier, fi la confervation de fa vie peut réfulter de la deftruƐtion gé-

nérale. Mais alors, quel foulevement, quel défordre, quelle confufion dans le monde moral! Une
guerre générale entre tous les êtres moraux, où
chacun en vérité a le droit de fon côté! Une que-
relle, qui en elle-même ne fauroit être décidée felon le droit & l'équité, même par le juge le plus
jufte & le plus impartial! Peut-il rien y avoir de
plus abfurde?

Si toutes les opinions, qui ont été dans tous les
temps une fource intariffable de difputes parmi les
hommes, venoient d'être portées au tribunal de la
vérité, ne croyez-vous pas, mes amis, que fon autorité puiffe décider fur le champ, & établir irrévo-
cablement quelles font les affertions vraies ou erron-
nées? Inconteftablement! car dans l'empire de la
vérité, le vrai eft diftingué décidément du douteux
& du faux. Je penfe encore que perfonne ne refu-
fera de m'accorder qu'une doctrine qui ne peut fubfifter fans admettre des contradictions palpables, des
doutes infolubles, des incertitudes interminables,
doit néceffairement être fauffe, du moins dans l'empire de la vérité, où doit régner une harmonie que
rien ne peut interrompre ni troubler. Or il en eft
de même de la juftice: devant fon trône, tous les
différents & toutes les querelles fur le droit fe déci-
dent d'après des regles immuables. Là aucun cas
juridique n'eft incertain, aucun droit n'eft douteux,
il ne fe trouve jamais deux êtres moraux qui aient
le même droit fur la même chofe. Toutes ces foi-

bleffes font le partage de l'homme que fa vue trop
bornée rend incapable de pénétrer les raifons du
pour & du contre, de les pefer & de les apprécier.
Dans l'entendement du fouverain efprit, tous les
droits des êtres moraux, comme toutes les vérités,
font dans la plus parfaite harmonie. Tout conflict
d'obligations & de devoirs qui peut faire naître des
doutes à un efprit borné, y trouve une décifion irrévocable; & les droits oppofés ne font pas moins
abfurdes aux yeux de Dieu, que les affirmations
contradictoires fur un même objet. Que dirons-nous
donc d'une opinion qui, par les conféquences les
mieux liées, nous conduit à des idées fi incohéren-
tes & fi infoutenables? Pourra-t-elle trouver grace
devant le trône de la vérité?

Il y a quelques jours, que mon ami Criton prétendoit que je n'étois pas tenu de me foumettre aux
loix de la République, & qu'il m'étoit permis de me
fouftraire au jugement rendu contre moi. Si je ne
me trompe pas fur fa maniere de penfer, il ne per-
fiftoit dans fon fentiment que parce qu'il regardoit
la fentence portée par mes juges, comme injufte.
S'il étoit perfuadé que je fuis en effet coupable des
crimes dont on m'a accufé, il ne douteroit pas que
la République n'eût le droit de me punir de mort,
& que je n'en duffe fouffrir la peine. Mais cette
obligation de fouffrir fuppofe néceffairement le droit
de punir; & fi la République, ou toute autre perfonne morale, a le droit de punir celui qui l'offen-

ſe (a), même de mort, en cas qu'une peine plus légere fût inſuffiſante, le coupable doit, dans la rigueur de la juſtice, être obligé de ſouffrir cette punition. Sans cette obligation paſſive, le droit de punir ſeroit illuſoire, ce ne ſeroit plus qu'un mot vuide
de ſens. Ainſi que dans le monde phyſique il ne
peut y avoir un agent ſans patient, de même dans le
monde moral il eſt impoſſible qu'il y ait d'une part
obligation, ſi de l'autre il n'y a pas un droit (b).

---

(a) Le droit de punir une offenſe, qu'on peut regarder comme
le droit du reſſentiment, ce droit de punir par l'infliction de peines phyſiques, a lieu même dans l'état de nature, & n'eſt point
du tout fondé, comme le prétendent quelques penſeurs, ſur le
contrat ſocial; il n'eſt pas moins indépendant du droit de propriété. Car l'homme, conſidéré dans l'état de nature, eſt obligé de
prendre ſoin de ſa conſervation, de ſon bien-être, de ſa perfection; il a donc le droit de ſe ſervir de tous les moyens louables
qui tendent à aſſurer ſon bonheur; il peut donc empêcher les autres de le gêner dans l'exercice de ce droit. Il peut donc, en cas
d'offenſe, employer le reſſentiment, ou la punition, pour en prévenir la continuation. Mais la punition doit être proportionnée à
l'offenſe, & ſur-tout à la probabilité qu'elle ſuffira pour nous mettre à l'abri des inſultes futures. Donc l'homme dans l'état de nature a le droit de punir de mort, s'il n'a point d'autre voie d'aſſurer ſa tranquillité contre un injuſte aggreſſeur. Si quelqu'un, dans
l'état de nature, renverſe ma cabane, trouble mon eau, ou me
jette des pierres, j'ai le droit de le punir, quoique le droit de
propriété ne ſoit pas encore établi & qu'il n'y ait point de contrat
ſocial entre nous. Chaque Etat, & c'eſt ce que perſonne ne peut
conteſter, a le droit de punir un étranger qui l'offenſe, quoiqu'il
n'y ait point de contrat ſocial entre lui & cet Etat. Les Etats
ſont entr'eux dans l'état de nature, & ne laiſſent pas de s'accorder réciproquement le droit de punir.

(b) Le droit du plus fort ne peut pas être un véritable droit.
La force & le droit ſont des idées de ſi différente nature, que la

L 4

Je ne doute pas, mes amis, que vous & Criton
ne foyez fur ce point d'accord avec mes principes.
Mais c'eft ce que nous ne pourrions pas admettre
fi la vie étoit nôtre dernier but, notre fouverain
bien. Suivant cette opinion erronnée, l'homme le
plus vicieux & le plus fcélérat ne feroit pas dans
l'obligation de fouffrir la peine qu'il auroit méritée;
& fi envers la République, il avoit mérité la mort,
il auroit le droit de perdre la patrie qui veut fa
perte. Si la vie étoit le fouverain bien, il ne pourroit rien y avoir dans la nature qui ne lui fût fub-
ordonné. Comment pourroit-il lui préférer le bien
de la République? Comment la nature pourroit-elle
lui prefcrire un devoir qui ne vife pas à fon fouverain bien? Comment pourroit-il être obligé de
faire ou de fouffrir ce qui eft contraire à toute fa
félicité (a)? Loin de lui être défendu, il feroit

---

force peut tout auffi peu engendrer un droit que le droit une force. Un droit d'un côté fans une obligation de l'autre, auroit befoin d'être décidé par la force : & cela même eft abfurde. Si les
pere & mere ont le droit parfait d'exiger de l'obéiffance de leurs
enfants, ceux-ci de leur côté doivent être obligés d'obéir. Si les
enfants, tant qu'ils ne peuvent eux-mêmes fe procurer leur fubfiftance, font en droit de la demander à leurs parents, ceux-ci doivent être dans l'obligation de la leur donner. Le droit imparfait
ne peut fuppofer qu'une obligation imparfaite. Quiconque n'eft
pas étranger dans les éléments du droit naturel, ne peut pas douter de la vérité de ces affertions.

(a) Tous les devoirs que la nature prefcrit à l'homme doivent
avoir pour but le fouverain bien. Si notre fouverain bien eft la félicité, le devoir peut prefcrire de fubordonner la vie à la félicité;

de fon devoir de mettre l'Etat en combuftion, fi
par ce moyen il pouvoit fauver fa vie. Mais comment a-t-il pu obtenir ce droit funefte? Avant d'a-
voir commis le crime puniffable, il étoit obligé,
comme homme, de faire le bien des hommes, comme citoyen, de faire le bien de fa patrie. Qui peut
maintenant l'avoir fouftrait à cette obligation, & lui
avoir donné le droit oppofé, de détruire tout ce qui
l'environne? Quelle eft la caufe d'un changement fi
étrange dans fes devoirs? Qui ofera répondre: *Le*
*crime même qu'il a commis!*

Une autre conféquence malheureufe de cette mon-
ftrueufe opinion, eft que fes fauteurs font encore
obligés de nier la Providence divine. La vie des
hommes étant refferrée, fuivant leur fyftême, entre
les bornes étroites de la naiffance & de la mort, ils
en peuvent fuivre le cours de leurs yeux, & la voir
commencer & finir. Ils peuvent donc avec connois-
fance de caufe juger des voies de la providence, s'il
y en a une. Or dans les événements de ce monde
il y a bien des chofes qui ne paroiffent point du
tout s'accorder avec l'idée que nous devons avoir
des attributs de Dieu. Telle chofe contredit fa bonté, telle autre fa juftice, & l'on feroit quelquefois
tenté de croire que le fort des hommes a été réglé

---

mais fi la vie eft elle-même le fouverain bien, il n'y a plus de devoir qui puiffe prefcrire de facrifier fa vie.

par une caufe qui fe plaifoit à faire le mal. Il eſt
bien vrai que dans la partie phyſique de l'homme, ils
ne découvrent qu'ordre, beauté, harmonie, les plus
fages vues & un accord parfait entre les moyens &
la fin ; preuves viſibles de la fageſſe & de la bonté
divines : mais dans les fociétés, telles que nous les
voyons établies fur la terre, les traces de ces attributs divins font trop fouvent méconnoiſſables : des
vices triomphants, des crimes couronnés, l'innocence opprimée, la vertu en bute aux perſécutions,
font d'aſſez fréquents objets ; le juſte ne fouffre pas
plus rarement que le fcélérat ; la mutinerie réuſſit
auſſi fouvent que la plus fage légiſlation, & une
güerre injuſte n'a pas moins de fuccès que l'extir-
pation des monſtres, ou toute autre vertueufe entreprife : les biens & les maux font le partage des
bons comme des méchants, fans aucune diſtinction
fenfible, & fans aucun égard à la vertu & au mérite. Si un Etre fage, juſte & tout-puiſſant, prenoit
foin du fort des humains & le régloit à fon gré, l'ordre de fageſſe que nous admirons dans le monde
phyſique, ne regneroit-il pas auſſi dans le monde
moral ?

Quelqu'un dira peut-être : „ Ces plaintes ne viennent que de certains efprits mécontents, que Dieu
ni les hommes ne peuvent jamais fatisfaire. Remplis-
fez tous leurs fouhaits, mettez-les au faîte de la félicité : & dans les fombres replis de leur cœur ils
trouveront toujours aſſez de caprices & de mauvaife

humeur pour fe plaindre même de leurs bienfaiteurs.
Aux yeux d'un homme fobre & modéré, les biens
de ce monde ne font pas diftribués auffi inégale-
ment qu'on le croit. La vertu d'ordinaire a une
fatisfaction intérieure pour compagne, qui lui eft
une plus douce récompenfe que la fortune, le rang
& le crédit. L'innocence qui fuccombe ne voudroit
pas être à là place du tyran qui l'opprime. En général, quiconque fait attention aux fentiments des
hommes plutôt qu'à leurs jugements, ne trouvera
pas leur condition, à beaucoup près, auffi malheureufe qu'ils le prétendent dans leurs entretiens fa-
miliers ". Voilà fans doute ce que l'on pourroit
dire pour juftifier les voies d'une fage providence
dans la nature ; mais toutes ces raifons n'ont de poids
que quand cette vie ne doit pas être le terme de nos
efpérances. Dans ce cas il peut être beaucoup plus
important pour notre félicité éternelle, que nous
luttions ici bas contre l'adverfité, que nous appre-
nions & pratiquions la patience, la fermeté, & la
réfignation à la volonté divine, que de nous oublier
dans la profpérité & l'abondance. Quand même je
terminerois ma vie dans les tourments, que fait cela, fi par-là mon ame acquiert la beauté de l'innocence fouffrante, & fi le terme de ces fouffrances
eft un bonheur conftant ? Des peines paffageres ne
font rien, comparées à une éternelle félicité. Mais
il n'y a point de dédommagement pour celui qui, au
milieu de ces tourments, finit fon exiftence entiere ;

& qui perd avec le dernier foufle toutes les vertus qu'il a acquifes. La deftinée d'un tel homme n'eft-elle pas cruelle? Celui qui l'a ainfi réglée, peut-il être jufte? Et dans la fuppofition qu'une confcience irréprochable contrebalance tous les fentiments douloureux, même le dernier fupplice qu'un tyran fait fouffrir à l'innocence: cet oppreffeur, ce violateur des droits les plus facrés, fortira-t-il de ce monde fans être jamais tiré de l'aveugle endurciffement où il a vécu, fans acquérir de plus juftes idées du bien & du mal, & fans jamais s'appercevoir que ce monde eft gouverné par un Etre qui fe complait à la vertu? S'il n'y a point de vie future, la providence ne peut pas être plus juftifiée à l'égard du perfécuteur qu'à celui du perfécuté.

Ces difficultés apparentes féduifent un grand nombre d'hommes, & leur font méconnoître la providence. Leurs ames engourdies par la pareffe & le libertinage, adoptent un fyftême chimérique & s'imaginent que l'Etre fuprême fe foucie très-peu de la deftinée du genre humain, quelque foin qu'il ait pris de la perfection de la nature phyfique de l'homme. La vertu & le vice, l'innocence & le crime, l'adorateur ou le blafphêmateur de l'Efprit univerfel, font à fes yeux de la plus parfaite indifférence. C'eft dans ces erreurs & d'autres non moins abfurdes ni moins funeftes que l'on tombe, dès qu'on quitte le chemin de la vérité. Je ne penfe pas, mes amis, devoir combattre férieufement ces opinions, puifque nous fommes tous perfuadés que nous fommes tous immédiatement fous la garde de la providence divine, & que Dieu nous difpenfe, felon fa volonté, les biens & les maux.

Nous connoiffons une voie plus fûre & plus facile pour fortir de ce labyrinthe. A nos yeux, le monde moral ne dément pas plus la perfection de fon Auteur, que le monde phyfique. De même que dans le monde phyfique les imperfections qui s'y trouvent, telles que les tempêtes, les orages, les tremblements de terre, les peftes, &c. tendent à la confervation & à la perfection du tout, de même dans le monde moral, les vices & les défauts de l'homme en fociété, font briller mille vertus & mille perfections; les calamités paffageres fervent à des profpérités durables, & les fouffrances mêmes fe changent en exercices qui menent à la béatitude. Pour confidérer dans fon vrai jour la deftinée d'un feul homme, il faudroit porter la vue fur toute fon éternité. Nous ne pourrions examiner & juger des voies de la providence, qu'en réduifant la durée éternelle d'un être raifonnable fous un feul point de vue proportionnée à notre foibleffe. Mais fi cela étoit poffible, foyez-en perfuadés, mes amis, alors loin de murmurer contre la providence, nous adorerions dans une admiration profonde la fageffe & la bonté de l'Etre qui régit l'Univers.

Toutes ces preuves réunies font, ce me femble, mes amis, naître l'affurance la plus pofitive d'une

vie future, propre à donner à notre efprit toute la
certitude qu'il peut raifonnablement defirer. La faculté de fentir n'eft pas une faculté du corps, ni de
fon organifation, mais elle eft, comme nous l'avons
démontré, la propriété d'un être fimple par effence,
& par conféquent indeftructible. La perfection que
cette fubftance fimple a acquife, doit, par rapport
à elle-même, avoir des fuites fans fin, & devenir
propre de plus en plus à remplir les vues de Dieu
dans la nature.

Notre ame, comme un être raifonnable & tendant
à la perfection, appartient à la claffe des efprits,
qui font l'objet de la création & qui ne peuvent jamais ceffer d'être les obfervateurs & les admirateurs
des œuvres divines. Dès l'inftant qu'ils exiftent,
ils commencent à développer leurs facultés, ils entrent dans une férie infinie de perfections: leur effence eft fufceptible d'un accroiffement continuel,
leur penchant tend vifiblement à l'infinité, & la nature offre à leurs infatiables defirs une fource inépuifable. Ils ont de plus, comme êtres moraux, un
fyftême de devoirs & de droits, qui ne feroient
qu'un tiffu d'abfurdités & de contradictions, s'ils
étoient repouffés, ou s'ils trouvoient des obftacles
infurmontables fur le chemin qui conduit à la perfection. Et enfin le défordre & l'injuftice qui re-
gnent dans la fociété & femblent rendre la deftinée
des hommes fi malheureufe, nous renvoient à une
longue férie de caufes & d'effets, dans laquelle fe

débrouille & s'éclaircit tout ce qui paroît ici bas inexplicable. Quiconque fait fon devoir avec fermeté & fait fe roidir contre le malheur & fouffrir avec réfignation les adverfités, jouira un jour de la récompenfe de fes vertus; le fcélérat, au contraire, ne peut guere quitter cette vie fans reconnoître, en quelque maniere, que les forfaits ne font point le chemin de la félicité. En un mot, Dieu contrediroit tous fes attributs, fa fageffe, fa bonté, fa juftice, s'il n'avoit créé les êtres raifonnables, & ne les avoit portés à la perfection que pour une durée limitée.

Quelqu'un de vous pourroit me dire: „ Voilà qui eft à merveille, mon cher Socrate, tu nous a convaincus de la certitude d'une vie à venir; mais ne faudroit-il pas nous dire encore quel lieu doivent occuper les efprits féparés de leurs corps? quelle région de l'Ether habiteront-ils? & quels feront les objets de leurs occupations? De quelle maniere les ames vertueufes feront récompenfées, & comment celles que le vice a fouillées fur la terre, feront éclairées & conduites dans de meilleures voies?"

Si quelqu'un me fait toutes ces queftions, je lui répondrai: Mon ami, de pareilles demandes paffent la portée de mon efprit. Je t'ai conduit par tous les détours du labyrinthe, & je t'en montre l'iffue. Que d'autres guides te menent plus loin. Mais les ames des méchants auront-elles à fouffrir le froid ou le chaud, la faim ou la foif; fe rouleront-elles dans les eaux bourbeufes d'Achérufe, pafferont-elles leur temps dans le Tartare ténébreux, ou dans les flammes du Phlégeton, jufqu'à ce qu'elles foient puriᵣ fiées? Les bienheureux refpireront-ils l'éther le plus pur fur une terre étincellante d'or & de pierres précieufes, ou jouiront-ils d'une éternelle jeuneſſe, en avalant à longs traits le nectar & l'ambroifie? Toutes ces queſtions, mon ami, font des chofes que j'ignore: la Philofophie nous annonce uniquement la récompenfe de la vertu & la punition du vice: fi nos poëtes & nos mythologues le favent mieux que moi, qu'ils en inftruifent les autres. Quant à moi, je me contente de la conviction que je ferai éternellement fous les yeux de la Divinité, que fa providence veillera fur moi dans l'autre vie, comme dans celle-ci, & que ma vraie félicité confifte dans les beautés & les perfections de mon efprit; & ces perfections font la tempérance, la juftice, la liberté, la bienfaifance, la charité, la connoiffance de l'Etre fuprême, la tendance conftante à l'accompliffement de fes vues, & la réfignation à fa volonté fainte. Voilà les béatitudes qui m'attendent dans cet avenir qui s'ouvre devant moi; & je n'ai pas befoin d'en favoir davantage, pour me mettre courageufement fur le chemin qui y conduit. Vous, Simmias, Cébès & mes autres amis, vous me fuivrez chacun dans le temps prefcrit par la nature. Ma derniere heure approche. Déja le fort inexorable me fait figne, diroit peut-être un poëte; il

eft

est temps avant de prendre le breuvage qu'on me prépare, d'aller au bain, ne fût-ce que pour épargner aux femmes le soin de laver mon corps.

Fort bien! dit Criton, en prenant la parole; mais n'as-tu rien à ordonner à tes amis, à l'égard de tes enfants ou de tes affaires domestiques? en quoi pourrions-nous te servir? qu'exiges-tu de nous? — Que vous viviez, mon cher Criton, comme je vous l'ai toujours recommandé. Je n'ai rien à ajouter. Si vous vous respectez vous-mêmes, si vous êtes toujours vertueux, vous êtes assurés, sans me le promettre, de vivre conformément à mes desirs: mais si vous négligez vos devoirs, si vous abandonnez les sentiers de la vertu & de la perfection, tout ce que vous pourriez me promettre dans ce moment, ne serviroit à rien.

Criton repliqua : nous ferons tous nos efforts, mon cher Socrate, pour ne pas nous écarter de la route que tu as pris soin de nous tracer; mais encore, comment veux-tu que nous nous comportions à ton égard après ta mort?

Comme vous voudrez, répondit Socrate; s'il est possible toutefois que je sois encore avec vous, & que je ne vous échappe pas.

En même temps, il nous regarda en souriant & dit: Je ne puis persuader à Criton, mes amis, que le vrai Socrate est celui qui parle présentement, & qui vient de vous entretenir pendant quelque temps. Il s'imagine toujours que le cadavre qu'il verra bien-

M

tôt, & qui dans ce moment même n'eſt que mon
enveloppe, eſt Socrate, & il demande ce qu'il doit
faire de moi après ma mort. Toutes les raiſons que
j'ai rapportées juſqu'ici pour prouver que, dès que
la ciguë aura fait ſon effet, je ne demeurerai plus
avec vous, mais que je paſſerai dans les habitations
des bienheureux, lui paroiſſent une pure invention
pour nous conſoler dans nos dernieres heures. Ayez
la bonté, mes amis, de faire envers Criton le contraire de ce qu'il a fait pour moi envers mes juges.
Il s'eſt rendu garant que je ne m'échapperois pas;
vous, au contraire, vous devez vous rendre garants
qu'auſſitôt après ma mort je m'en irai. Et cela afin
qu'en voyant brûler ou enterrer mon corps, il ne
s'en afflige pas comme ſi le plus grand malheur venoit de m'arriver, & qu'il ne diſe point à mes funé-
railles, on met Socrate dans la biere, on emporte
Socrate, on enterre Socrate. Sache, mon cher Criton, que toutes ces manieres de parler ſont impro-
pres, & contraires à la vérité. Ceſſe, mon ami, de
confondre Socrate avec ſon corps, auquel tu peux
donner la ſépulture que permettent les loix. Alors,
ſuivi de Criton, Socrate paſſa dans une chambre voi-
ſine, pour y prendre le bain, & nous pria de vouloir l'attendre.

Nous étions tous plongés dans une affliction profonde: nous n'étions pas moins affectés qu'on l'eſt
en perdant un pere chéri, & nous nous regardions
tous, comme devant vivre déſormais en orphelins.

Après le bain, on lui amena les femmes de fa maifon & fes trois enfants, dont l'un étoit déja adulte, & les deux autres dans un âge encore tendre. Il leur parla en préfence de Criton, leur dit fes dernieres volontés, les renvoya, & vint nous rejoindre. Le jour étoit déja fur fon déclin. Socrate s'affit, mais il parla peu; car l'inftant après, l'officier des Onze entra, & s'étant mis à fes côtés, il lui dit: Socrate, tu ne me parois point reffembler aux autres hommes: tous ceux qui, comme toi, ont été condamnés, me maudiffent quand, par ordre des Magiftrats, je leur annonce qu'il eft temps de prendre la coupe empoifonnée; mais toi, tu es l'homme le plus doux & le plus tranquille que j'aie jamais vu dans ces lieux. Je fuis perfuadé que fi dans cet inftant tu as quelque reffentiment, ce n'eft pas contre moi, mais contre...... tu les connois! tu dois bien deviner quel eft mon meffage. Adieu, & fupporte avec patience ce qui ne peut être changé. A ces mots, il fortit les yeux mouillés de larmes. Socrate fixant fur lui un regard ferein, lui dit: Adieu, mon ami! nous ferons ce que tu demandes. Voilà un digne homme, pourfuivit-il, en nous adreffant la parole. Il m'eft fouvent venu voir & s'eft quelquefois entretenu avec moi. Il eft on ne peut pas plus honnête & plus compatiffant. Voyez comme il me pleure fincérement! Mais Criton, il faut lui obéir: dis qu'on apporte le poifon, s'il eft prêt; finon, qu'on le prépare.

Pourquoi cet empreſſement, mon cher Socrate ?
répondit Criton ; le ſoleil n'a pas encore entiérement ceſſé d'éclairer l'horiſon. D'autres, après l'annonce, ſongent à ſe divertir, avant d'avaler la ciguë, & paſſent dans les plaiſirs les derniers moments
qui leur reſtent. Rien ne preſſe encore. — Que
ceux qui regardent les plaiſirs comme un gain ſe
comportent ainſi ; pour moi, mon cher Criton, j'ai
mes raiſons pour en agir autrement. Je ne crois rien
gagner au retard, & je me paroîtrois à moi-même ridicule, ſi je ſongeois à prolonger les reſtes d'une
vie qui n'eſt plus à moi. Fais donc ma volonté &
ne m'arrête pas.

Alors Criton fit ſigné à l'eſclave qui attendoit
qu'on lui ordonnât d'aller préparer le poiſon. Il ſor-
tit, & revint avec l'Officier des Onze, qui tenoit la
coupe pour la préſenter à Socrate. En le voyant entrer, nous nous troublâmes ; Socrate ſeul parut tranquille : Approche, lui dit-il, donne, & dis-moi ce
qu'il faut que j'obſerve : tu dois le ſavoir. — Pres-
que rien, repartit l'Officier ; tout ce que tu as à faire après avoir bu, eſt de te promener juſqu'à ce que
tu te ſentes las, & de te mettre enſuite ſur ton lit:
A ces mots il lui préſenta la coupe. Socrate la prit
ſans changer de viſage, & fixant ſur cet homme un
regard aſſuré : Que penſes-tu ? lui dit-il, puis-je en
verſer en libation aux Dieux ! — Non pas, il n'y
en a que la quantité néceſſaire. — Je n'en ferai donc
rien. Mais je puis toujours leur adreſſer ma priere.

*O Dieux qui m'appellez, daignez m'accorder un heureux voyage!* Alors portant la coupe à sa bouche, il but la ciguë, sans faire paroître la moindre émotion.

A cette vue, je sentis mon ame se briser. Je ne pus me contenir : je m'abandonnai à toute ma douleur : mes yeux n'étoient pas seulement humides de larmes, j'en versai des torrents, & pour leur donner un libre cours, je me cachai le visage dans mon manteau. Ce n'étoit point sur lui que je pleurai, c'étoit sur moi-même : j'étois inconsolable de perdre un tel ami. Criton, qui déja avant moi ne pouvoit retenir ses larmes, se leva & marcha à grands pas dans la prison, comme un homme hors de lui-même ; & Apollodore, qui n'avoit pas cessé de pleurer, se mit à pousser des cris lamentables. Socrate, sans être ému, sembloit nous plaindre ; il nous cria : que faites-vous, hommes pusillanimes ! c'est pour n'entendre pas les femmes gémir & se désoler que je viens de les renvoyer ; car j'ai entendu dire qu'on devoit chercher à rendre l'ame au milieu des souhaits propices & des bénédictions. Calmez-vous, & montrez-vous hommes. Cette héroïque fermeté nous fit rougir, & nous cessâmes de pleurer. Il se promena jusqu'à ce qu'il sentit que ses genoux commençoient à se dérober sous lui ; & s'approchant de son lit, il se coucha sur le dos, comme l'Officier le lui avoit ordonné. Peu de temps après, ce même Officier vint l'observer, & lui serrant la jambe, il lui demanda s'il le sentoit. Non, dit Socrate. Déja son bas-ventre commence à fe glacer, ajouta l'Officier en fe tournant vers nous: dès que ce froid aura gagné le cœur, il mourra. Mon ami Criton, s'écria Socrate d'une voix affoiblie & mourante, n'oublie pas d'offrir un coq à Efculape: c'eft un facrifice que nous lui devons. Ce furent fes dernieres paroles. Je le ferai, répondit Criton, n'ordonnes-tu rien autre chofe? Socrate ne répondit rien. L'inftant après il eut dès fpafmes. L'Officier le découvrit, mais fes regards demeurerent glacés. Criton dans ce moment lui ferma la bouche & les yeux.

Voilà, ô Echécrate! quelle a été la fin de notre ami, de l'homme le plus integre & le plus fage que nous ayions jamais connu!

*Fin du troifieme Entretien.*

# SUPPLÉMENT,

*Touchant quelques objections qui ont été faites à l'Auteur.*

QUELQUES perſonnes, amies de la vérité, m'ont communiqué leurs obſervations ſur les entretiens qu'on vient de lire. Elles m'ont ſervi à faire quelques changements dans cette nouvelle édition, à répandre plus de clarté dans de certains endroits, & à en éclaircir d'autres par des notes. C'eſt-là, je penſe, la ſeule reconnoiſſance qu'exigent de moi ces hommes eſtimables. Mais je n'ai pu ôter tout ce qui a paru choquant aux yeux de mes critiques. Leurs raiſons, du moins en partie, ne m'ont point convaincu, & une partie de leurs demandes étoit au-deſſus de mes forces. Qu'on me permette de m'expliquer ici ſur quelques obſervations de cette eſpece.

En général, je dois avouer que les critiques ont été à mon égard plutôt indulgents que ſéveres. Si j'avois à me plaindre, ce ſeroit de leurs éloges, que la connoiſſance de moi-même ne me permet pas de croire que je les ai mérités. Une louange exceſſive ſert bien plus d'ordinaire à humilier les autres, qu'à encourager celui qui en eſt l'objet. Jamais je n'ai ſongé à faire époque en Philoſophie, & encore moins à me rendre célebre par un ſyſtême à moi. Par-tout où j'apperçois une route frayée, je ne cherche pas à m'en ouvrir une nouvelle. Si mes prédé-

cesseurs ont fixé la signification d'un terme, pourquoi m'en éloignerois-je? S'ils ont mis au jour une
vérité, pourquoi ferois-je semblant de l'ignorer? Je
prends dans les écrits des philosophes tout ce qui
s'y trouve d'utile, sans être arrêté par la crainte
de passer pour un de leurs sectateurs. Il est vrai
que l'esprit de secte a beaucoup nui aux progrès
de la Philosophie; mais cet esprit peut, ce me semble, être plus facilement contenu par l'amour de
la vérité, que l'envie d'innover.

Néanmoins on ose avancer que même dans le premier entretien, où je prétends avoir suivi Platon
de plus près que dans les deux autres, j'ai supposé,
sans preuves, des principes de Wolf & de Baumgarten, dont tout lecteur ne convient pas. Quels
sont donc ces principes? J'ai avancé que *les forces
de la nature sont toujours actives;* mais cette proposition est aussi ancienne que la Philosophie. On a su
de tout temps qu'un être actif produit toujours son
effet, si rien ne l'arrête; & que trouvant une résistance, il agit sur cette résistance même. Il n'est
donc jamais en repos. Eh! peut-on concevoir qu'u-
ne force puisse exister sans agir? Une force sans
action ou tendance, seroit une vraie chimere; car
les idées de puissance, de faculté, n'ont un objet
que quand il est question de forces réelles, appliquées d'une certaine maniere, quoique susceptibles
d'autres applications. On dit, par exemple, d'un
homme en affaires, qu'il peut aussi faire de la poë-
sie, qu'il en a la faculté dans un degré éminent.

S'il doit y avoir de la vérité dans cette locution, il faut qu'elle ait ce fens : les forces de l'ame de cet homme, employées préfentement à l'exercice d'un emploi civil, &c. ne contredifent pas une application par laquelle feroient produits de bons vers. Si l'on dit d'une force qu'elle n'agit que dans une certaine occafion : fi l'occafion manque, cette force alors n'opérera-t-elle rien du tout ? L'abfence de l'occafion la réduiroit donc à une pure poffibilité d'agir ; ce qui n'eft pas admiffible. L'occafion, à la vérité, peut bien changer l'application des forces, puifque cette application dépend de la liaifon où elle eft avec d'autres chofes, & non pas de la force même. Mais l'occafion ne peut ni faire renaître une force qui a ceffé d'agir, ni anéantir une force une fois exiftante. Lors donc qu'on dit que chaque force doit être toujours active, il eft clair qu'on n'entend parler que de forces primitives, & non de leur application à des efpeces particulieres d'objets, d'où naiffent des *facultés*. Celles-ci font quelquefois auffi, quoiqu'improprement, appellées forces ; mais à leur égard, il eft évident qu'elles n'ont pas befoin d'être toujours actives ; & cela arrive, comme nous l'avons déja dit, toutes les fois qu'on conçoit qu'une force primitive eft, fuivant fa nature, applicable à une certaine efpece d'objets, quoiqu'elle n'y foit pas appliquée réellement. C'eft ainfi, par exemple, que la méditation dans celui qui dort, l'invention dans quelqu'un qui s'abandonne aux voluptés fenfuelles, le jugement dans un fou, peuvent pendant un temps être tout-à-fait fans activité; mais alors la force primitive dont ces facultés, qu'on appelle quelquefois auffi forces, ne font que des dérivations, n'eft rien moins qu'inactive. Ces notions font fi plaufibles, fi conformes à la faine raifon, qu'elles n'ont pas befoin d'être prouvées; & il faut que les philofophes de tous les temps les aient conçues, quoiqu'ils les aient quelquefois exprimées par d'autres mots.

Prétendra-t-on que j'ai emprunté de Wolf cette autre propofition: *Le muable ne refte pas un moment fans être changé?* Mais elle eft cent fois répétée dans les écrits de Platon. Toutes les chofes périffables, dit ce philofophe, dans le Theætetus & en plufieurs autres endroits, font dans un changement continuel de formes, & ne demeurent pas un moment femblables à elles-mêmes. C'eft pourquoi il ne leur attribue pas une exiftence réelle, mais une naiffance (a). Elles n'exiftent pas, dit-il, mais elles naiffent par le mouvement & le changement, & périffent. C'eft-là un principe fondamental de la philofophie de Platon; & c'eft fur ce principe qu'il fonde fa théorie de l'exiftence des idées univerfelles immuables, fa diftinction entre fcience & opinion, fa doctrine de Dieu & de la félicité, en un mot toute fa philofophie.

_____

(a) Plotinus dit: Jam verò neque corpus omninò erit nullum, nifi animæ vis extiterit. Nam *fluit femper & in motu ipfa corporis natura verfatur*, citòque perituri eft univerfum, fi quæcumque funt fint corpora.

Toutes les écoles des anciens se sont occupées à confirmer ou à réfuter ce principe. On sait la comparaison tirée d'un arbre qui jette son ombre sur l'eau qui passe auprès. L'ombre paroît toujours la même, quoique le fond sur lequel elle est dessinée, se meuve & se renouvelle continuellement. C'est ainsi, disoient les sectateurs de Platon, que les choses nous paroissent avoir de la stabilité, quoiqu'elles soient dans une vicissitude perpétuelle. Que ces assertions se trouvent aussi dans Wolf & dans Baumgarten, c'est ce qui ne doit pas nous surprendre ; on peut dire qu'elles ont été un objet d'attention pour tous les philosophes depuis Héraclite & Pythagore ; & s'il m'eût été défendu d'employer des assertions plus modernes que celles-là, j'aurois assurément eu l'air d'un philosophe de l'antiquité la plus reculée.

Mais on prétend que toute ma démonstration est fondée sur ce que *sentir, penser & vouloir sont les seules opérations de l'ame* ; & cette proposition, à ce qu'on assure, n'est pas reçue hors de l'école à laquelle je suis attaché ; & quand même, ajoute un critique, on pourroit l'accorder de l'ame comme ame, elle ne peut avoir lieu à l'égard de l'ame comme substance. L'ame, comme substance, doit avoir une force motrice & résistante, qui n'a rien de commun avec la force pensante. Par cette distinction on croit renverser une de mes principales preuves, puisque l'ame peut, après la mort, demeurer active, comme substance, sans sentir, penser & vouloir comme une ame unie à son corps.

Voyons! Ma preuve, dit-on, se fonde sur une proposition fausse. Je pense, moi, que la proposition est vraie, mais que ce n'est pas sur elle que ma preuve est fondée. Si une substance ne peut avoir qu'une seule force primitive, ou si elle en peut avoir plusieurs; si penser & vouloir émanent de plusieurs forces primitives; s'il est ou s'il n'est pas au pouvoir de l'ame de mouvoir le corps; si l'ame, après la mort, doit être ou n'être pas revêtue d'un corps: toutes ces questions ne doivent point m'arrêter. J'ai, à la vérité, pris parti; mais les preuves de l'immortalité doivent, autant qu'il est possible, n'être pas compliquées avec d'autres points contestés. J'appelle ame, la faculté ou la force de penser & de vouloir; & toute ma preuve se fonde sur le dilemme suivant: Penser & vouloir sont des propriétés ou du composé ou du simple. L'examen de la premiere partie fait le sujet du second entretien. Dans le premier, je les considere comme propriétés de l'être simple. Les propriétés de l'être simple sont des forces primitives, ou des modifications d'autres forces. On convient que penser & vouloir ne peuvent être de pures modifications d'autres forces, mais qu'il faut que ce soient des activités primitives dans un être simple, ne l'empêchent point d'être susceptible d'autres forces, comme forces motrices, résistantes, poussantes, attractives, &c. il suffit que penser & vouloir ne soient point de pures modifications de ces forces qu'on peut désigner sous tant de noms qu'on voudra, mais des forces primitives, distinctes de celles-ci. Or toutes les forces naturelles peuvent bien changer les déterminations, faire fuccéder une modification à une autre, mais elles ne peuvent jamais anéantir ni les propriétés primitives des chofes, ni leurs activités fubfiftantes par elles-mêmes. Donc la force de penfer & de vouloir, ou les forces de penfer & de vouloir ne peuvent jamais être anéanties par des changements naturels, en quelque nombre que puiffent être les forces qui en font diftinctes. · Il faut une puiffance infinie pour anéantir de telles forces.

Que par toutes les forces de la nature rien ne puiffe être véritablement anéanti: c'eft de quoi aucun philofophe, que je fache, n'a encore douté. Une action naturelle, a-t-on dit de tout temps, doit avoir un commencement, un milieu & une fin; c'eft-à-dire, qu'elle ne s'acheve que dans une fucceffion de temps, ou dans une fuite d'inftants fucceffifs. Si les forces de la nature doivent produire un effet, il faut qu'elles s'en approchent peu-à-peu, & le préparent avant qu'il arrive; mais un effet qui ne peut être préparé, qui ne peut arriver que dans un inftant, ne peut être produit par des forces qui ne peuvent faire que dans le temps tout ce qu'elles font. Toutes ces idées n'ont pas échappé aux anciens; & le raifonnement de Platon fur les états oppofés & les paffages· de l'un à l'autre me paroiffoit les fuppofer affez clairement. J'ai donc cherché à les développer à mes lecteurs, à la maniere de Platon, mais avec une clarté proportionnée aux progrès que la philofophie a faits de nos jours. La faine raifon les faifit affez facilement; mais par le principe de la continuité elles acquierent, ce me femble, un haut degré de certitude. D'ailleurs j'ai volontiers faifi l'occafion de mettre mes lecteurs à portée de connoître ce principe important, parce qu'il nous conduit à des idées juftes fur les changements du corps & de l'ame, fans quoi il n'eft prefque pas poffible de confidérer la mort & la vie, la mortalité & l'immortalité, fous leur véritable point de vue.

Mais on demande encore comment un changement quelconque peut fe faire fans aucun anéantiffement. Ne faut-il pas, dit-on, que la détermination d'une chofe foit anéantie, fi l'on veut que fa détermination contraire parvienne à l'exiftence? Et comment cela feroit-il poffible, fi les forces de la nature ne pouvoient rien anéantir? Il eft vifible qu'on abufe ici du terme *anéantir*. Lorfqu'un corps dur devient mou, ou qu'un corps fec devient humide, il n'eft pas befoin que la dureté ou la féchereffe foit anéantie & que la molleffe ou l'humidité foit produite à fa place. C'eft ainfi qu'un corps peut paffer à plus ou moins de pouces d'épaiffeur ou de largeur, à différents degrés de chaleur ou de froid, &c. fans aucun anéantiffement. Toutes ces modifications font liées entr'elles par des paffages infenfibles, & nous voyons très-clairement qu'elles peuvent fe fuccéder fans le moindre anéantiffement ou la moindre production. En général les déterminations oppofées, qui font poffibles dans une chofe par des changements naturels, font toutes de nature à admettre un moyen entre les deux extrêmes. Au fond elles ne different entr'elles que par le plus ou le moins. Faites changer de place à certaines parties, rapprochez celles-ci, éloignez celles-là les unes des autres, & vous donnerez fucceffivement à un corps toutes les modifications dont il eft fufceptible. Obfcurcisfez, dans un homme, de certaines idées, éclaircisfez-en d'autres, affoibliffez quelques defirs, faites naître de nouveaux penchants : & vous aurez changé l'efprit & le caractere de cet homme. Tout cela peut fe faire par un paffage infenfible fans qu'il foit befoin d'anéantiffement. Et de tels changements font fans doute poffibles à la nature. Mais deux déterminations oppofées, entre lefquelles il n'y a point de milieu, ne peuvent jamais fe fuccéder naturellement, & je ne connois point de loi de mouvement qui foit contraire à ce principe. C'eft là-deffus que le pere Bofcowich mérite d'être lu. Il a expofé dans tout fon jour la loi de la continuité.

Mais à quoi bon toutes ces recherches épineufes dans des dialogues où l'on fait parler Socrate ? Ne font-elles point trop fubtiles pour la maniere fimple de raifonner du philofophe Athénien ?

Je réponds qu'on femble oublier que j'imite Platon, & non pas Xénophon ; celui-ci évitoit toutes les fubtilités de la dialectique pour ne s'attacher qu'au bon fens. En fait de morale, cette méthode eft la plus excellente ; mais dans les recherches métaphyfiques elle ne mene pas affez loin. Platon, qui

aimoit la métaphyfique, fit de fon maître un philofophe Pythagoricien, & le fuppofa initié dans les
myfteres les plus ténébreux de cette école. Quand
Xénophon rencontre fur fon chemin un labyrinthe,
il aime mieux que le Sage fe détourne timidement
que de s'expofer au danger de fe perdre. Platon, au
contraire, le conduit par tous les détours de la dialectique, & le fait s'abîmer dans des difcuffions qui
font bien au-delà de la fphere du commun des hommes. Il fe peut que Xénophon foit demeuré plus fidele au fens du philofophe qui a fait defcendre la
philofophie du Ciel; néanmoins j'ai dû fuivre la méthode de Platon, parce que cette matiere ne me paroît pas devoir être traitée autrement, & que j'ai
mieux aimé être fubtil, que de porter atteinte à la
rigueur de la démonftration. L'efprit fophiftique
s'eft montré de nos jours fous des formes bien variées: tantôt armé de fubtilités, tantôt fous le maf-
que de la faine raifon, tantôt comme un ami de la
réligion, tantôt avec la hardieffe d'un Tyrafimachus
prétendant tout favoir, tantôt avec la bonhommie
d'un Socrate qui paroît tout ignorer. Sous toutes
ces formes diverfes, il a cherché à ébranler, ou du
moins à répandre des doutes fur le dogme de l'immortalité de l'ame, à réfuter férieufement & quelquefois à tourner en ridicule les raifons qui éta-
bliffent cette vérité confolante. En affectant l'ignorance & le doute pour forcer le philofophe à tout
éclaircir, on peut bien parvenir à inquiéter & à
embarraffer le Dogmatique, mais par cette voie on
n'établira

n'établira jamais rien. Le ridicule, fur cette matiere, ne peut être que la reſſource des eſprits bornés.

J'ai avoué dans ma préface, en termes exprès,
que j'ai mis dans la bouche de Socrate des raiſons
qui, ſelon l'état dans lequel étoit alors la philoſophie, ne pouvoient pas être connues. J'ai même
nommé les philoſophes modernes de qui je les ai ti-
rées en grande partie. Mon intention n'étoit donc
pas de rien ôter aux modernes de leur mérite touchant la doctrine de l'immortalité de l'ame, & d'en
faire honneur aux anciens. En général, mon Socrate n'eſt pas celui de l'hiſtoire. Celui-ci vivoit dans
Athenes parmi une nation qui, la premiere, s'appliqua à la vraie philoſophie, & même depuis peu. Ni
la langue, ni l'eſprit n'étoient encore formés à la
philoſophie. Il étoit diſciple de philoſophes, qui
étoient rarement rentrés en eux-mêmes pour y méditer ſur l'eſſence & les propriétés de l'ame humaine. La doctrine de la ſpiritualité & de l'immortalité
devoit donc alors être encore couverte d'une épaiſſe
obſcurité. On voyoit briller dans le lointain quelques vérités, ſans connoître le chemin qui y mené,
ni la chaîne qui les lie. Un Socrate ne pouvoit que
diriger fixément ſes regards ſur ces vérités iſolées,
& s'en ſervir comme de guides dans la conduite de
la vie. L'évidence des idées philoſophiques & leur
liaiſon ſont l'effet du temps & des efforts continués
d'un certain nombre de penſeurs qui conſiderent la
vérité ſous différents points de vue, & qui par-là

N

parviennent à la faire connoître fous toutes fes faces.

Après tant de fiecles barbares qui ont fuivi cette aurore de la philofophie, fiecles où la raifon humaine a été obligée de plier fous le joug de la fuperftition & de la tyrannie, la philofophie a enfin vu des jours plus heureux. Tous les genres de connoiffances, [ d'après la révélation divine (*a*) ] & l'heureufe obfervation de la nature, ont fait des progrès confidérables. Le flambeau de l'expérience nous a éclairés même fur la nature de notre ame. En obfervant plus exactement fes opérations, on s'eft procuré un plus grand nombre de données, qui, au moyen d'une méthode éprouvée, ont fervi à tirer des conféquences plus juftes. Par-là, les vérités effentielles & fondamentales de la réligion naturelle, ont acquis une évidence fupérieure à toutes les lumieres des anciens, & qui les rejette comme dans l'ombre. Ce n'eft pas que la philofophie ait encore atteint à cette clarté qui porte avec elle une conviction irréfiftible, à ce point de certitude qui ne laiffe après elle aucun doute, & où nos neveux la verront peut-être un jour. Cependant il faudroit être bien jaloux du mérite de nos contemporains, pour ne pas accorder aux modernes de grands avantages fur les anciens, à

_____

[(*a*) Les connoiffances humaines n'ont fait aucun progrès que dans le fein de cette révélation.]

l'égard de la Philofophie. Je n'ai jamais pû comparer Platon avec les modernes, & encore moins ces derniers avec les ftupides efprits du moyen âge, fans remercier la providence de m'avoir fait naître dans des temps plus éclairés.

Quand j'eus à réfléchir fur l'immortalité de l'ame & que je voulus diftinguer la croyance de la difcuffion, je me fis cette queftion: Comment de nos jours un Socrate parviendroit-il à fe prouver à lui-même & à fes amis l'immortalité? Comme ami de la raifon, il auroit certainement accepté avec reconnoiffance des autres philofophes ce qu'il y a de judicieux & de fondé dans leur doctrine, quels que fuffent d'ailleurs leurs pays & leurs réligions. Il feroit bien peu fenfé de ne pas vouloir s'accorder avec l'infidele ou l'incrédule [fur des vérités reconnues], précifément parce que l'un fe laiffe féduire par des impofteurs & l'autre par l'orgueil d'une raifon trop ambitieufe. Puifque les égards fraternels font fi fort recommandés au monde politique, c'eft fur-tout aux amis de la vérité de s'y conformer entr'eux. Abandonnons à la confcience de chacun de nous les articles que la réligion nous prefcrit de croire, fans prétendre contraindre perfonne: la vraie charité ne laiffe point lieu aux mauvais procédés là où le cœur parle plus haut que la raifon, & rapportons-nous-en avec confiance à la miféricorde infinie de Dieu. Mais quant aux vérités qu'on peut découvrir par la raifon, jouiffons-en en commun comme de la lumière du foleil. Vous a-t-elle éclairé plutôt que moi, foyez-en fatisfait, mais n'en foyez pas fier, & furtout ne foyez pas affez inhumain pour refufer de me la faire connoître.

Celui qui a découvert & expofé au jour telle ou telle vérité, étoit de ton pays, de ta croyance? Eh bien! il eft agréable de vivre avec les bienfaiteurs du genre humain dans une plus étroite relation; mais ce qu'ont trouvé tes compatriotes, les perfonnes de ta communion, n'en doit pas moins être un bienfait dont nous devons tous jouir. La fageffe Grecque a été utile aux Barbares, & vous qui ne méritez plus ce nom que d'hier, vous-mêmes n'avez fecoué la rouille de la barbarie qu'avec les fecours de la fageffe; elle reconnoît une patrie univerfelle, & tout en fouffrant des divifions elle défapprouve ce qu'il y a d'injufte & d'odieux dans ce que les hommes ont pofé pour fondement de leurs inftitutions politiques. Voilà, ce me femble, comme penferoit de nos jours un Sage tel que Socrate; & vu fous ce jour, le manteau de la philofophie moderne que je lui ai prêté, ne l'habilleroit peut-être pas fi mal.

La preuve, *que la matiere ne peut penfer*, que j'ai employée dans le fecond Entretien, doit fon exiftence aux confidérations fuivantes.

Defcartes a prouvé qu'extenfion & repréfentation font des chofes de nature entièrement différente, & que les propriétés de l'être penfant ne peuvent être

des propriétés de l'extenfion ni du mouvement:
C'en étoit affez pour le forcer à conclurre que la
penfée & l'étendue ne pouvoient être attribuées à
une même fubftance. Car fuivant un principe connu
de ce philofophe, un attribut qui ne fe conçoit pas
clairement par l'idée d'une chofe, ne peut lui convenir. Mais ce principe même a effuyé bien des
contradictions ; & quant aux propriétés de l'être
étendu & penfant, on a demandé qu'on prouvât non-
feulement qu'elles font de nature difparate, mais encore qu'elles s'excluent mutuellement dans un même
fujet. Nous fommes affurés que des attributs qui fe
contredifent directement, ne peuvent convenir à la
même fubftance, mais cela ne paroiffoit pas auffi
décidé à l'égard des attributs qui n'ont rien de
commun.

Quand j'eus à prouver l'immatérialité, je tombai
naturellement fur cette difficulté ; & quoique je penfe qu'on puiffe mettre hors de doute le principe de
Defcartes, dont je viens de parler, je cherchai néanmoins une preuve qui, avec moins de difficultés,
pût être traitée à la maniere de Socrate. Un argu-
ment de Plotinus, que quelques modernes ont déja
développé dans un jour plus avantageux, me parut
propre à remplir mon deffein. „ Chaque ame, c'eft
„ ainfi que raifonne Plotinus, eft douée d'une vie,
„ c'eft-à-dire de la confcience ou de la fenfation de
„ foi-même. Si l'ame étoit un être corporel, il fau-
„ droit que toutes les parties dont cet être eft com-

„ pofé, ou feulement quelques-unes d'entr'elles euſ-
„ ſent cette vie, ou qu'aucune d'elles ne l'eût. Si
„ une feule partie jouit de cette vie, cette partie
„ eſt l'ame: il feroit fuperflu qu'il y en eût un plus
„ grand nombre. Mais fi chaque partie en particu-
„ lier eſt privée de la vie, la compofition ne la
„ leur donneroit pas. Car plufieurs chofes inani-
„ mées ne produiront jamais une vie, ni plufieurs
„ chofes privées d'entendement, un intellecte."

Dans la fuite Plotinus répete le même raifonnement avec quelques changements. „ Si l'ame eſt
„ corporelle, que doit-on croire des parties de ce
„ corps penfant? Sont-elles auſſi des ames, ainſi
„ que les parties de ces parties? Si l'on peut tou-
„ jours pouſſer cette analyfe, il eſt clair que la
„ grandeur n'entre pour rien dans l'eſſence de l'a-
„ me, ce qui feroit cependant néceſſaire ſi l'ame
„ avoit une grandeur corporelle. Dans notre cas,
„ l'ame entiere fe trouveroit dans chaque partie,
„ tandis que dans une grandeur corporelle il répu-
„ gne qu'une partie foit égale au tout. Mais ſi les
„ parties ne font pas des ames, il n'en réfultera pas
„ une des parties qui n'en font pas elles-mêmes."
On fait quelques objections fur ce moyen de dé-
monſtration. Plotinus fuppofe comme indubitable
qu'un tout vivant ne peut fe compofer de parties
inanimées, un tout penfant de parties non-penfan-
tes. Mais pourquoi des parties régulieres peuvent-
elles produire par la compofition un tout régulier?

des sons sans harmonie, un concert harmonieux? des membres foibles, impuissants, un état puissant?

Je savois aussi que suivant le systême de cette école à laquelle on prétend que je suis trop attaché, le mouvement doit prendre son origine dans des forces qu'on ne peut pas regarder comme forces motrices, & l'extension doit venir des attributs de substances qui sont tout autre chose que l'extension. Cette école ne peut donc pas admettre dans tous les cas le principe de Plotinus; & cependant il paroît exactement vrai à l'égard de l'être pensant. Un tout pensant, composé de parties non pensantes, semble choquer la saine raison.

Pour être convaincu de ce principe, il restoit donc à examiner, quelles sont les propriétés qui peuvent ou ne peuvent pas convenir au tout, sans convenir aux parties constitutives.

Il étoit d'abord évident que des propriétés qui naissent de la composition & de la disposition des parties, ne conviennent pas nécessairement aux parties constitutives. De cette espece sont la figure, la grandeur, l'ordre, l'harmonie, la force élastique, l'explosion de la poudre à canon, &c. Ensuite il se trouve aussi que souvent les propriétés des parties constitutives produisent dans le tout des phénomenes qui, suivant notre maniere d'appercevoir, en sont tout-à-fait divers. Les couleurs composées nous paroissent dissemblables aux simples : les affections composées de l'ame la modifient autrement que ne le

font les simples dont elles font compofées : des parties odoriférantes accumulées, produifent une odeur
toute différente de chacune d'elles en particulier, &
quelquefois même une odeur, à ce qu'il femble,
très-défagréable. Et au contraire, par le mélange
des gommes de mauvaife odeur, il peut en réfulter
une nouvelle odeur très-fuave. (Voyez Halleri Phy-
fiol. T. V. p. 169, 170.) Le triple accord dans la
mufique, lorfqu'il fonne en même temps, fait tout
un autre effet que celui que produifent les fons ifolés qui le compofent.

Les propriétés du compofé, qui ne conviennent
pas aux parties conftitutives, viennent donc de la
difpofition & de la compofition même de ces parties,
ou il faut dire qu'elles font de pures phénomenes,
c'eft-à-dire que les propriétés des parties conftitutives que nos fens ne peuvent difcerner, fe préfentent à nous dans le tout, autrement qu'elles ne font
en effet. Alors je fis l'application de cette réflexion
au principe de Plotinus.

La faculté de penfer ne peut pas être une propriété de cette efpece; car toutes ces propriétés font
évidemment des effets de la faculté de penfer, ou
la fuppofent. La compofition & la difpofition des
parties demandent une comparaifon de ces parties,
& les phénomenes fe rencontrent plutôt dans notre
repréfentation que dans les objets extérieurs. Donc
les deux efpeces font des effets de l'âme, & n'en
peuvent conftituer l'effence. Donc un tout penfant
ne peut fe compofer de parties non penfantes.

La feconde partie de la démonftration avoit auffi befoin d'être développée. Il y a eu des philofophes qui ont attribué aux parties conftitutives des corps, des idées obfcures d'où, à les en croire, découlent dans le tout des idées claires & diftinétes. Il fallut donc prouver que cela n'étoit pas poffible, & qu'au moins une de ces parties élémentaires auroit des idées auffi vraies, auffi claires, auffi vives, que le tout. Je me fuis fervi pour cela du principe que M. Ploucquet a fi admirablement développé. *Que plufieurs degrés foibles ne font pas, pris enfemble, un degré plus fort.* La quantité peut être confidérée par rapport au volume, ou par rapport à la force. La quantité, dans le premier cas, confifte dans le nombre des parties dont elle eft compofée; dans le fecond cas, elle eft auffi appellée *degré*. La quantité extenfive, ou de la première efpece, augmente à proportion du nombre des parties qu'on ajoute; mais le degré demande un renforcement intérieur, & non pas une plus grande extenfion. Qu'on verfe de l'eau tiede fur de l'eau tiede, on augmentera la quantité ou le volume de l'eau, mais non pas le degré de chaleur. Plufieurs corps qui fe meuvent avec une vîteffe égale, font, s'ils font réunis, une plus grande maffe, mais non pas une plus grande vîteffe. Le degré eft auffi grand dans chaque partie, que dans le tout. Ainfi le nombre des parties ne fauroit changer le degré. Le degré ne peut augmenter que lorfque toutes les parties concourent à produire un même effet. C'eft ainfi que plufieurs lumieres foibles peuvent répandre dans un même lieu une plus grande clarté ; que plufieurs miroirs ardents peuvent plus facilement enflammer un corps. Plus le même fujet diftingue de marques caractériftiques dans un même objet, plus la repréfentation qu'a le fujet de cet objet devient claire. Il s'en fuit très-naturellement que toutes les idées obfcures des parties primitives d'un même corps ne peuvent faire enfemble une idée claire, pas même une idée moins obfcure, à moins d'être concentrées dans un même fujet, d'être raffemblées &, pour ainfi dire, vues d'un même coup-d'œil par le même être fimple.

La plupart des raifons de mon troifieme Entretien, font empruntées de la Métaphyfique de *M. Baumgarten*, & des *Vérités effentielles de la réligion naturelle, par* M. Reimarus. Quant à la preuve tirée de l'harmonie de nos devoirs & de nos droits, j'ai déja obfervé dans ma préface que je ne l'ai encore trouvée nulle autre part. J'y fuppofe qu'il y a des cas où le dernier fupplice eft de droit. Cependant le Marquis de Beccaria, dans fon traité *Des délits & des peines*, femble révoquer en doute ce principe. Le fentiment de ce philofophe étant que le droit de punir n'eft abfolument fondé que fur le contrat focial, d'où l'on peut fans doute conclurre l'injuftice des peines capitales : j'ai cherché à combattre ce fentiment dans une remarque. Le Marquis lui-même ne peut s'empêcher de regarder la peine de mort comme inévitable dans certains cas. Il prétend, à la vérité, en faire un droit de défenfe forcée ; mais ce

droit même doit être fondé fur un droit naturel,
autrement c'eft une pure violence. En général,
c'eft un principe qu'on ne fauroit guere révoquer en
doute, que tous les contrats du monde n'engendrent
pas un nouveau droit; mais qu'ils changent des
droits imparfaits en droits parfaits. Si donc le droit
de punir n'étoit pas fondé dans le droit naturel, il
ne pourroit réfulter d'aucun pacte. Mais fuppofons
que fans contrat le droit de punir foit un droit imparfait (ce que je regarde cependant comme abfurde), ma démonftration ne perd rien de fa force; car
devant le tribunal de la confcience, les droits imparfaits font aufîi efficaces, les devoirs imparfaits aufîi
obligatoires que les parfaits. Un droit imparfait de
punir quelqu'un de mort, fuppofe au moins une
obligation imparfaite de fouffrir cette peine; or cette obligation feroit abfurde, fi notre ame n'étoit pas
immortelle.

Dans la *Nouvelle Bibliothéque des Belles - Lettres*
(Tom. IV.), il fe trouve une notice critique dé-
taillée du Phédon, qui contient d'excellentes remar-
ques. Les réflexions, fur le dialogue philofophique,
que le Journalifte a mifes à la tête de fa notice,
peuvent inftruire de la maniere dont il devroit fe
comporter, avant d'ofer s'ériger en juge. On y obferve contre la preuve tirée du conflit des devoirs,
qu'elle renferme un Cercle. „ Que ce foit un de-
„ voir, y dit-on, de renoncer pour qui que ce foit
„ à la confervation de notre vie, c'eft-ce que rien

„ ne nous perfuade que la croyance que nous avons
„ des fins plus élevées que la vie. Si on prouvoit
„ que cette croyance fût une erreur, ces devoirs
„ difparoîtroient, & avec eux difparoîtroit la con-
„ tradiction en même temps.” Je ne crois nullement
être réfuté par-là. La démonftration peut prendre
différents chemins qui menent au but fans cercle.
Qu'on parte d'abord de l'obligation à la vie fociale.
Elle peut être prouvée indépendamment de l'immortalité de l'ame. Elle fe fonde donc, comme toutes
les vérités morales, fur des principes métaphyfiques.
J'efpere qu'on voudra bien me difpenfer d'une difcus-
fion qui me meneroit évidemment trop loin; d'autant plus que ces mêmes principes ont déja été fuf-
fifamment développés par d'autres. Or aucune fociété humaine ne peut fubfifter, fi dans certains cas
le tout n'a pas le droit de facrifier la vie d'un de fes
membres au bien général. Epicure, Spinofa & Hob-
bes n'ont pu difconvenir de cette vérité, quoiqu'ils
prétendiffent ne connoître de plus hautes fins que la
vie. Ils fentoient bien qu'une vie fociale ne pouvoit
avoir lieu parmi les hommes, fi on n'accordoit pas
ce droit au tout. Mais les idées de droit & de devoirs n'étant pas encore affez développées, on ne
s'apperçut pas que ce droit fuppofe auffi du côté du
citoyen le devoir de fe facrifier au bien du tout, &
que ce devoir n'eft pas conforme à la nature, fi l'a-
me n'eft pas immortelle.

Je puis auſſi, comme dans le dernier Entretien,
partir de la juſtice de reſſentir une offenſe, droit qui
doit ſuffire à l'homme dans l'état de nature, comme
cela a été démontré dans la note, pag. 167. Voici
l'obſervation que le Journaliſte a faite contre mes
raiſons. „ Le droit de rétribution dans l'état de na-
„ ture, dit-il, & le droit de punir dans la ſociété
„ civile ſont en effet deux droits divers; le premier
„ ſe rapporte uniquement à la perſonne qui a offen-
„ ſé, pour lui ôter la volonté & la faculté de nous
„ offenſer de nouveau dans la ſuite: l'autre eſt rela-
„ tif à toutes les autres perſonnes de la ſociété, qui
„ ne nous ont point offenſés, pour les intimider par
„ l'infliction des peines phyſiques qu'elles encourent
„ en s'abandonnant au crime. Le premier ſe fonde
„ abſolument ſur le droit de ſe défendre, ou c'eſt la
„ même choſe; or le droit de défenſe laiſſe en mê-
„ me-temps celui de s'oppoſer à notre vengeance.
„ L'autre ſe fonde ſur la tranſlation volontaire de
„ tous nos droits parfaits faite à la ſociété, acte par
„ lequel l'offenſeur a renoncé au droit de s'oppoſer à
„ la vengeance qui vient de toute la ſociété.” Mais
je ne vois pas qu'on puiſſe lui accorder ces diſtinc-
tions. Qu'eſt ce qu'un droit de rétribution dans l'é-
tat de nature? Je ne connois dans la nature humaine
aucun droit de pure rétribution, ou de vengeance,
qui faſſe le mal pour le mal, & par lequel le mal
phyſique eſt multiplié ſans procurer le bien moral.
Et pourquoi l'homme, dans l'état de nature, ne

pourroit-il pas avoir la vûe d'intimider les autres &
de les faire craindre de l'offenfer ? Faudroit-il pour
cela un contrat focial ? Faut-il que l'homme ait
commencé par céder une partie de fes droits à la fociété, avant de montrer aux autres qu'il peut·rendre
une offenfe ? Enfin le droit même qu'a l'offenfeur de
s'oppofer à la vengeance, détruit évidemment l'harmonie des vérités morales, & établit un cas où le
droit peut être égal des deux côtés, où par conféquent il faut que la force décide, un duel naturel.
Un principe qui caufe du défordre dans le fyftême
des vérités morales, ne me paroît pas moins abfurde, que fi l'harmonie des vérités métaphyfiques dût
en être troublée.  Pour écarter cette diffonance, il
faut, même dans l'état de nature, reconnoître de la
part de l'offenfeur une obligation de fouffrir le res-
fentiment.  Si dans l'état de nature, il reftoit à l'offenfeur un droit de défenfe, ce droit, dans la fociété, ne pourroit demeurer fans effet ; car fi l'offenfé
transféroit à la fociété fon droit de rétribution, &
l'offenfeur fon droit de défenfe, ces deux droits fe
détruifant l'un l'autre, il ne pourroit s'enfuivre aucune punition.  Il n'eft donc pas poffible d'ôter du
monde moral les contradictions, fi l'on ne veut pas
admettre une vie à venir.

Qu'il y ait des cas où la peine de mort eft le feul
moyen de prévenir des offenfes futures, c'eft ce que
Beccaria lui-même n'a pas révoqué en doute ; quoiqu'il ne les croie pas, & avec raifon, auffi fréquents

qu'on a coutume de le fuppofer dans la jurifprudence criminelle ufuelle. En général, la punition marche d'un pas égal avec le crime. Comme celui-ci ne connoît point de bornes, celle-là n'en doit pas plus connoître, & il n'y a point de terme qu'on puiffe lui prefcrire. Entre le tourment & la mort il n'y a pas auffi de bornes fixes qu'on puiffe affigner à la juftice vindicative ; c'eft pourquoi, s'il y a des cas où il foit permis de tourmenter quelqu'un en punition de fon crime, il doit y en avoir d'autres où il foit permis de le tuer, parce que du tourment à la mort il y a un paffage infenfible qui n'eft nulle part interrompu par des limites déterminées.

Ce que le Journalifte ajoute encore, en obfervant qu'on peut bien tirer une conféquence de la nature des chofes au droit, & non du droit à la nature des chofes, ne me paroît pas néceffaire. Si le retour fe fait par un cercle, il eft interdit ; mais fi dans l'arrangement de la nature, telle chofe m'eft accordée par mon adverfaire & telle autre chofe conteftée, ne pourrai-je pas conclurre de ce qu'il m'accorde, au droit, & du droit à l'arrangement de la nature, dont on n'a pas voulu convenir ?

*F I N.*